Johannes Müllner

Gründlich ausgeführter Discurs,

ob Georg Rixners teutsches ¯hurnier-Buch pro scripto authentico zu

halten, und wie weit demselben Glauben zuzustellen sey Mit 3 Extracten

Johannes Müllner

Gründlich ausgeführter Discurs,
ob Georg Rixners teutsches Thurnier-Buch pro scripto authentico zu halten, und wie weit demselben Glauben zuzustellen sey Mit 3 Extracten

ISBN/EAN: 9783337413392

Hergestellt in Europa, USA, Kanada, Australien, Japan

Cover: Foto ©ninafisch / pixelio.de

Weitere Bücher finden Sie auf **www.hansebooks.com**

Johann Müllers, Sen.
Syndici und Rathschreibers zu Nürnberg,

gründlich ausgeführter

Discurs,

Ob Georg Rixners, gewesenen
Bayrischen Herolds, teutsches Thurnier-
Buch pro Scripto Authentico zu halten,
und wie weit demselben Glauben
zu zustellen sey?

mit dreyen Extracten aus dem Thurnier-Buch,
und zweyen noch nie gedruckten Anhängen
begleitet,

so als der

zweyte Theil

des

Nürnbergischen Schönbart-Buchs
und
Gesellen-Stechens

zu gebrauchen.

Im Jahr 1766.

iios.

Vorrede.

Der bekannte Ehren-Herold Georg Rixner hat sich mit seinem Thurnier-Buch beynahe eben so viel Widersacher als Vertheidiger zuweg gebracht. In die Classe der erstern ist billig zu rechnen Johann Müller, Stadt Nürnbergischer Syndicus und Rathschreiber, welcher in dem vor Augen liegenden Discurs nicht nur des Burggrafthums Nürnberg eigentliche Beschaffenheit, sondern auch, daß der von Rixner angegebene Nürnbergische Thurnier, nebst der Begleitung Kaisers Heinrichs nach Donauwehrt, so durch 40 Nürnbergische Geschlechte geschehen seyn soll, nichts denn ein pur lauters Gedicht seye, zu erproben bemühet gewesen, und anbey, samt andern Umständen von etlichen Geschlechten, insonderheit von dem damaligen Rathhauß, und dem daselbst gehaltenen Gesellen-Stechen ausführlich handelt. Ob nun wohl dieser Discurs bereits bey Herrn Johann Georg Cramers Tractat: de juribus et praerogatiuis Nobilitatis auitae, Tom. I. Lipf. 1739. pag. 476 - 508. sich einverleibet befindet, so hat man doch selbigen mit einem überkommenen Mscr. dermalen auf das sorgfältigste noch, malen conferirt, und um dem in dem Vorbericht des vorigen Jahres zum Druck beförderten Nürnbergischen Schönbart-Buchs und Gesellenstechens geschehenen Versprechen nachzukommen, hiermit als dessen zweyten

A 2

Theil

Theil, durch wiederholten Druck bekannter machen, und die uerba formalia, so viel den zu Nürnberg gehaltenen Thurnier, die Begleitung des Kaisers Heinrichs nach Donauwerth, und das Nürnbergische Gesellen-Stechen betrift, aus dem Thurnier-Buch selbsten in dreyen Extracten mit annectiren, hiernächst dieses mit anmerken wollen, daß die in margine allegirten Folia sich auf dasjenige Exemplar in Folio beziehen, welches zu Simmern in Verlegung Hieronymi Röblers A. 1532 im Druck erschienen. So sehr aber Müller diesen Thurnier zu bestreiten sich angelegen seyn lassen, mit so vieler Gründlichkeit hat der bekannte Göttingische Lehrer der Geschichte, Herr M. Johann Christoph Gatterer, die Würklichkeit desselben in seiner 1752 zu Altdorf in 4to, edirten Dissert. epist. de ludo equestri ab Henrico VI. Imperatore A. clɔclxxxxvii Norimbergae celebrato etc. dargethan. Was der ehemalige berühmte Altdorfische Publicist, Herr Eucharius Gottlieb Rinck, von diesem Rixnerischen Scripto für ein Urtheil gefället, kan in der Bibliotheca Rinkiana Lips. 1747. edita, pag. 286 ad num. 1986. des mehrern nachgelesen werden. Und da man so eben ein Msct. erhalten, worinnen des Nürnbergischen Consulentens, Herrn D. Leonhard Wurfbeins und des gelehrten Nürnbergischen Patricii, Herrn Johann Hieronymus Im Hofs jun. Gedanken von eben dieser Materie anzutreffen; so hat man solche in denen zwey Anhängen dem geneigten Leser keineswegs vorenthalten, somit sich zu desselben fernerem Wohlwollen bestermassen empfehlen wollen.

Discurs

Discurs

Ob Georgen Rixners Thurnier = Buch auch pro scripto Authentico zu halten, und wie weit demselben Glauben zu zustellen seye?

Wiewohl etliche vornehme und berühmte Historici, als ALBERTVS KRANZIVS, IOH. CV-SPINIANVS, IOHANN. WOLFFIVS und andere mehr, Georgen Rixners, genannt HIERVSALEM, gewesenen Bayerischen Herolds, teutsches Thurnier-Buch, welches erstlich Ao. 1530. zu Simmern in Druck ausgegangen, und Ao. 1532. an gedachtem Ort, und wiederum zu Franckfurt Ao. 1566. und 1576. nachgedruckt worden, für ein Scriptum Authenticum halten, und auch ihrer viel unter dem teutschen Adel, das Alter und Ankunft ihres Adels, auf dieses Buch fundiren, und daraus beweisen wollen; so haben doch andere, welche den Innhalt dieses Buchs etwas besser betrachtet, so viel grobe Fehler in demselben angezeiget, daß sie es ganz verdächtig dadurch machen.

Scriptores pro Rixnero.

A 9   SPAN-

Scriptores contra il-lum

SPANGENBERGIVS in der Mansfeldischen Chronick, cap. 124. schreibet, „Der Rixner habe bey Erzehlung der Thurnier viel von den seinigen dazu gethan. Idem in der Hennebergischen Genealogia „ er wisse nicht, was dem Rixner zu glauben seye; er habe ihme selbst offt gedichtet, was er gewollt, ohne Grund und Beweis.

WIGVLEIVS Hund, in seinem zweyten Tomo de familiis Bauaricis, bey dem Geschlecht der Grafen von Ortenburg, und andern Orten mehr, schreibet „Diesem Thurnierbuch seye nicht zu trauen, noch sich darauf zu verlassen. Idem in praefat. Tom. Imi „ in dem Thurnierbuch können so=viele Irrthümer angezeiget werden, daß sie dem ganzen Buch einen grösten Zweifel und Unglauben machen, darum davon nicht viel zu halten. IOH. STVMPFIVS in seiner Schweizer=Chronic Lib. 4. c. 19. et Lib. 6. c. 15. hält dieses ganze Thurnierbuch für ein Gedicht. MELCHIOR AB HAIMENSFELD, Goldastus sousten genannt, in Constitutionibus Imperii, An. 1609. germanice editis, fol. 305 schreibet: „ ihm seye die Verfassung des Thurnierbuchs sehr argwöhnisch und suspect.

Caussae Scripti hu-jus refuta-zoek.

Dieweilen dann dies Buch, in Sachen Nürnberg contra Brandenburg, das Territorium und Fraischliche Obrigkeit, um die Stadt Nürnberg betreffend, von beeden Theilen unter denen Brieflichen transumirten Urkunden angezogen, und dadurch demselben gleichsam ein beständiger Glauben zugemessen worden: Als habe ich nicht für unrathsam erachtet, die Fehler, so von obangezeigten Auctoren diesem Buch zugeleget worden, und ich zum theil selbst darinnen observirt habe, zu mehrerer Nachrichtung, kürzlich zusammen zu tragen, damit man daraus judiciren könne, wie weit diesem Buch, welches gleichwoll nicht allerdings für ein Gedicht zu achten, zu trauen und zu glauben seyn.

Errorum praecipuo-rum. primus, die erdich-tete Ab-theilung der Welt unter die 3. Söhne Nohae Fol. 3. b

Und thut sich zwar alsbalden in der praefation (die sey gleich von Rixner selbst, oder von HIERONYMO RODLER, Secretario zu Simmern, concipirt worden) der hohe Witz herfür, indeme gemeldet wird, daß aus den 3. Söhnen Nohae der Cham, als eine thierigte Person, mit seinem Geschlecht den Bäurischen Titul, und des Vatters Vermaledeyung, Sem und Iapheth aber, durch ihres Vatters

ters Benedeyung, den adelichen Stand erlanget haben. Und weil er paulo post schreibet, daß dem Sem das theil der Welt, Asia genannt, dem Cham Africa, dem Iaphet aber Europa, zugetheilet worden; mü-ste daraus folgen, daß in Asia und Europa eitel Edelleute und Thur-nierer, in Africa aber lauter Bauern wohnten. Das heißt, wie STVMPFIVS lib. 4. c. 29. schreibet, meisterlich oder vielmehr unverschämt hoffiret. Ist aber daraus unschwer zu vernehmen, wohin das Thurnierbuch ziele, und ist zweifels ohne dieses die Ursache, warum diese Vorrede in der Frankfurter-Edition von An. 1566. aus-gelassen worden.

Fol. 6. a.

Was dann fürs andre, im Eingang des Thurnierbuchs, von ei-nem grossen Heerzug, den Kaiser Henricus I. Auceps genannt, wider die Hunnen, Obotriten und Wenden fürgenommen, und dazu alle Stände des Reichs um Hülfe ersuchet haben soll, die ihme auch mit einer grossen Macht zugezogen seyn sollen, erzehlet wird, davon ist in einigen glaubwürdigen Historicis nichts zu finden.

secunda, der nichtige Heerzug S. Henrici primi wi-der die Hunnen, Obotriten und Wen-den.

Aus denen Chronicis REGINONIS PRVMIENSIS, item ABBATIS VRSPERGENSIS ist zwar bekandt, daß Kai-ser Heinrich die Stadt Brandenburg in einem kalten Winter bela-gert und erobert, auch die Ungarn bey Merseburg Ao. 924. geschla-gen habe; darbey ist aber der Hülfe so vieler Reichs-Stände mit kei-nem Wort gedacht, welches gewißlich, als ein Landkündiges Ding, nicht würde verblieben seyn, wenn es Grund hätte; zumalen, weilen Rixner selbst schreibet: „daß zuvor nie so viel Teutschen Adels beysammen gewesen.

Fol. 10. b.

Und VRSPERGENSIS in Beschreibung der Schlacht, die Otto I., Kaiser Heinrichs Sohn, Ao. 955. bey Augspurg mit den Un-garn gethan, erzehlet, daß ihme von denen Franken, Bayern, Schwa-ben und Böhmen Hülfe geleistet, und der Herzog Conrad zu Franken mit einem Pfeil erschossen worden. Welches bey Kaiser Heinrichs historia, wann Rixners narration Grund hätte, auch nicht würde verblieben seyn. Daraus denn abzunehmen, daß dieselbe ein lauter Gedicht seye.

A 4

Ak b

Vielleicht hat er es aus des Sohnes Ottonis historia entlehnet,
und dem Vatter zugemessen, wie er sonsten auch in den Thurnieren
oft einen Sohn für den Vatter, und einen Vatter für den Sohn setzet.
Spangenberg in seiner Mansfeldischen Chronic erzehlet zwar diesen
Heerzug auch, hat es aber allein aus dem Thurnierbuch ausgeschrieben, und schreibt ihn endlich selbsten ab, mit vermelden, er besorge der
Rixner habe von dem seinigen viel dazu gethan, das nicht könne
bewiesen werden, dieweil nicht zu glauben, daß die Sächsischen Grafen und Herren zu der Zeit hebräische und griechische Tauf-Namen
gehabt, als die sonsten (wie die Historien bringen) so steif über ihrem
Teutschen Erb und Namen gehalten, daß sie bey vielen Geschlechten
bis auf unsere Zeit verblieben, atque ita, dum ille (quod est in proverbio) hircum mulget, hic cribrum supponit.

Es hat auch für das dritte das Ansehen, es habe sich Rixner
mit dem verschnitten, daß er in gedachten Eingang an etlichen Orten
des Feldgeschützes, so die Kriegs-Fürsten mit sich gedacht, Meldung
thut. Denn wenn er solches von Büchsen-Geschütz verstanden, hat
er sich um etliche hundert Jahr überdacht, bis dasselbe der Welt bekandt worden.

Fürs vierte überzeugen ihn AVENTINVS lib. V. und WIGVLEIVS Hund, in praefat. Tom. I. de famil. Bauar., daß die
zwey von Gyps (und nicht, wie Rixner schreibt, von Erz) gegossene Bilder zu Mauer-Kirchen, nicht von Kaiser Heinrich dem Vogler, sondern von seinem Sohn, Herzog Heinrich zu Bayern, als er
die Ungarn bestritten, dahin gesetzet worden.

Zu denen Thurnieren nun selbsten zu kommen, so kan, für das
fünfte, ein ieder Verständiger leicht ermessen, wann obgedachter Heerzug, so aus allen Landen des Reichs versammlet worden seyn soll, ein
Gedicht ist, wie oben angezeiget, daß auch der darauf fundirte Thurnier zu Magdeburg ein Gedicht seyn müsse, zumalen, weil davon so
wenig, als von dem Heerzug selbsten, in Historien gefunden wird.
Und wäre sich wohl zu verwundern, wenn ein solches Ding, so das
ganze teutsche Reich rege gemacht hat, so wenig sollte in acht genommen worden seyn, daß die Historien-Schreiber, die doch viel geringere Dinge mit allen Umständen beschrieben, nichts davon sollten verzeichnet haben.

Tertius,
das damals noch
nicht erfundene
Geschütz,
Fol. 11. b
12. ab 13. a

Quartus,
der falsch
angegebene Seyer
der Bilder
zu Mauer-Kirchen,
Fol. 15. b

Quintus,
die Erdichtung der
ersten
Thurnier
Fol. 10. b

So

So viel findet man zwar in Kaiser Heinrichs Historia, daß er in Wahrer Ursprung der Ritter-Spiel, Teutschland hin und wieder die Flecken mit Gräben, Wällen und Mauren zu befestigen befohlen, sie vor den vielfältigen Einfällen der Ungarn desto mehr zu verwahren, und weil bey solchen beschwerlichen unsichern Läuften der Adel sich in die Städte begeben, hat Kaiser Heinrich befohlen, die junge Mannschaft in den Städten mit allerley Ritter-Spielen, als Fechten, Ringen, Springen, Rennen und Stechen ꝛc. zu üben; dazu er an allen Orten Wehr und Waffen, zum Schimpf und Ernst gebräuchlich und nöthig, verschaft; und welche sich damit am besten angelassen, seyn vor andern herfür gezogen worden. Ita Spangenberg in der Mansfeldischen Chronic. cap. 121. Lehmann in der Speyerischen Chronic lib. 5. cap. 1. ex Wittechindo, Sigeberto, Vrspergensi, et aliis antiquis Auctoribus. Und eben aus dieser Erzehlung hat Rixner vielleicht sein Gedicht, vom Anfang der Thurnier Freyheit und Herkommen, gesponnen und ihme selbst gedichtet, was er vor gut erachtet.

Was denn für das sechste die Thurniers-Ordnung oder die 13. Sextus, Die falsche Thurnier Ordnung Fol. 19. sq. Artickul belanget, so zu Göttingen A. C. 938. verfasset worden seyn sollen, wäre zwar solches für eine Reichs-Constitution zu halten, wenn Rixners Relation Grund hätte, weil sie mit Rath und Zuthun so vieler Fürsten des Reichs verfasset worden seyn soll. Dieweilen aber in alten Historicis, so zur selbigen Zeit gelebet, neque uola neque uestigium davon zu finden, ist mit Händen zu greifen, daß das ganze Werk ein pur lauteres Gedicht seye.

Und hievon schreibet obangezogener HAIMENSFELDIVS in Rationali der Reichs-Satzungen, so Ao. 1609. gedruckt worden, mit diesen Worten; „Die Form, Weiße und Umstände, wie sie in Rixners Buch beschrieben sind, halte ich, seyen aus einem wahnsinnigen Hirn erdacht und gesponnen worden. Er sage mir, in welcher Bibliothec, Archiuo, oder Canzley er das geschriebene Original gefunden hat? Bey einem Priester in Sachsen spricht er, welcher es, nach des Rixners Abcopirung durch das Feuer dem Vulcano aufgeopfert. Warum aber das? Datum, Fol. 104 damit nicht ein anderer darüber käme, so es corrumpire und verfälsche. Reime die Bundschuh. Ja eben um dieser Ursachen willen, nemlich die Wahrheit und Auctorität seiner Edition zu erweisen,

B   weisen, weifen, allen Argwohn und Suspicion abzuleinen, seine Treu und Redlichkeit zu erwinden, und endlich fürgeworfen falsch zu excipiren, sollte er das Manuscriptum und Autographum behalten, und an einem sichern Ort verwahret haben. Hactenus ille. Hat also Rixner sich und sein Gedicht selbsten verrathen, dann ob man wohl nicht in Abrede seyn kan, daß die Thurnier etliche 100. Jahr bis auf das Jahr 1487. gehalten worden, deren einestheils der Rixner in einer Verzeichnis von gedachter geistlicher Person zu seinen Händen gebracht haben mag, (wie dann dergleichen Verzeichnis noch heutigestags bey denen von Feldheim, einem adelichen Geschlecht in Ober-Sachsen, vorhanden seyn solle;) so hat er doch ein Alter dazu gedichtet, und daran gestlicket, auch darinnen geändert, was er selbsten gewollt, welches vielleicht ohne Gunst und Liebung, sonderlich bey dem bayerischen Adel, den er vor andern als ein bayerischer Herold heraus gestrichen, nicht ist zugegangen, wie WIGVLEIVS Hund selbst dafür hält, welcher auf der gänzlichen Meinung ist, daß der Rixner einen guten Theil seines Thurnier-Buchs aus Auentini Auszug seiner Chronic, (so Ao. 1522. allhier zu Nürnberg gedruckt worden, mir aber noch nie zu Gesicht kommen ist) zum wenigsten, so viel die bayerischen Geschlecht belanget, genommen habe; dessen eine Anzeigt seye, daß er etliche bayerische Grafen, und andere Thurnier-Geschlecht, deren in gedachtem Auszug nicht gedacht worden, als der Grafen von Eschenlohe, Frontenhausen, Hals, Hohenburg, Julbach auf dem Nordgau, Kirchberg, Plain, Stalnez, Rotenburg, Higartshausen, Preusinger von Walzmach rc. im Thurnier-Buch auch übergangen hat. Er habe auch in dem Auszug der bayerischen Thurnier, so dem 28sten Thurnier zu Würzburg angehängt sind, etliche Geschlecht ausgelassen, welche doch den Thurnier besuchet, und zu derselben Zeit noch im Wesen gewest sind, als die Schenken von Neydeck, Ramelsteiner, Mistelbecken, Trauner, Oettlinger rc. Hingegen habe er die Rohrenstatter, so doch nur den 27sten und 30sten Thurnier besuchet haben, in diesem Auszug, und sonsten noch wohl andere, welche gar keine Thurnier-Genossen gewesen sind, ins Thurnier-Buch gesetzt.

Sonderlich habe es das Ansehen, daß er im 10ten Thurnier, so zu Zürch Ao. 1165. gehalten worden seyn soll, vielen Geschlechten gratificiren und hofieren wollen, welche aber dadurch, dieweil sie allein

in

in andern herrschaftlichen Kosten geritten und aufgetragen, und weder
vor noch hernach keine Thurnier mehr besuchet, auch keine Thurnier=
Genossen worden.

Daß nun für das siebente **Rixner** den ersten Thurnier gen Error Se-
ptimus,
Magdeburg geleget, damit hat er abermals einen grossen Fehler be=
gangen.   Dann, wie LEOPOLDVS BAMBERG. *de Zelo* Der er=
dichtete er=
neter. principum, cap. 12. et 13. item THEOD. DE NIEM, ste Thur=
nier zu
de jur. et priuileg. Rom. imperii; VRSPERGENSIS *in Ottone M.*, Magde=
KRANZIVS *in Metrop. Sax.* lib. I. cap. 3. et lib. 3. cap. 20. schrei= burg.
ben, so ist die Stadt Magdeburg zu den Zeiten Henrici I. noch nicht Fol. 26.
erbauet gewesen, sondern erst von Kaiser Ottone I. seinem Sohn er=
bauet worden.

Und ob wohl vor Kaiser Heinrichs Zeiten ein offener Flecken an
solchen Ort gelegen seyn mag, so ist er doch, eben unter Kaiser
Heinrich, nemlich Ao. 923. von den Hungarn dermassen verwüstet
worden, daß er bis auf Kaisers Ottonis Zeit oed gelegen ist. — —
Spangenberg M. C. cap. 120.   Wie wäre denn möglich gewe=
sen, daß so viel Fürsten, Grafen und Adels=Personen in einem ver=
wüsteten oeden Flecken hätten Unterschleif haben können, zumal im
Winter, da man im Feld nicht bleiben kan; sintemal, nach **Rixners**
Relation, dieser Thurnier in der Wochen nach der heil. 3. König Tag
soll gehalten worden seyn.

Noch mehr für das achte hat er sich überdacht, daß Kaiser Hein= Octauus.
rich nicht allein diesem Thurnier zu Magdeburg Ao. 939. persönlich Die irrige
beygewohnet, sondern auch 942. zur Zeit des andern Thurniers, so zu Zeit des
andern
Rotenburg gehalten worden seyn soll, noch gelebet hat; da doch aus Thurniers
denen Supplementis REGINONIS, ABBATE VRSPERG. zu Roten=
IO. LVCIDO in Chr. und OTTONE FRISINGENSI lib. 6. burg, und
des Todes
cap. 19. zu beweisen ist, daß er schon vorher Ao. 936. zu Minleben ge= Kaisers
storben, oder, wie LAMB. SCHAFNABVRG. schreibet, Ao. 935. Heinrich.
WIGVLEIVS Hund wollte zwar gerne dem **Rixner** etwas Fol. 36.
helfen, und schreibet, es mögte vielleicht der Thurnier zu Magdeburg a. b. 37 a.
Ao. 935. gehalten worden seyn, und **Rixner** mit der Jahrzahl ge=
irret haben.   Das widerspricht aber **Rixner** selbst, da er schreibt:
Es sey der Thurnier wegen der Obotritten und Wenden Einfall über

3. Jahr verschoben worden, und habe im Jahr 935. nicht gehalten
werden können. Wie denn auch die Thurnier-Ordnung erst 938.
verfaßt worden seyn soll und zwar, wenn Kaiser Heinrich, wie das
Supplementum REGINONIS vermag, in gedachtem 935. Jahr
durch den Schlag gerühret und ein Paralyticus worden, würde er gewis zum Thurnier nicht qualificiret gewesen seyn.

Ueber das verschneidet sich Rixner noch mehr, indem er bey
dem andern Thurnier zu Rotenburg schreibet, derselbe seye in dem andern Jahr Kaisers Heinrichs Regierung gehalten worden, deme doch
VRSPERGENSIS und andere nicht mehr als 17. Jahr zu schreiben.
Ist also des Rixners Fabelwerk hierinnen weder zu helfen, noch zu
entschuldigen.

Error no-
aus. falsche An-
gebung des
Ursprungs
der 7 Chur-
fürsten. Für das neunte setzet Rixner im sechsten Thurnier Fol. 55. b. in
Ao. 1019. Magnus Herzog zu Sachsen und Lauenburg, Churfürst,
und im 11ten Thurnier zu Cölln Ao. 1179. Fol. 87 b. Conrad Pfalz-
graf beym Rhein, Churfürst. Nun sind zwar viel der Gelehrten,
sonderlich die Päbstlichen Scribenten der Meinung, daß die ordentli-
che Wahl eines römischen Königs durch die 7. Churfürsten von Kaiser Otto III. seye eingeführt, und von Pabst Gregorio V. bestättiget
worden. Ita BLONDVS, TRITHEMIVS, alii, quos etiam STVM-
PFIVS lib. 2. c. 30. et lib. 4. c. 29. sequitur. Es haben aber andere,
die in denen alten Historicis sich etwas fleißiger umgesehen, als AVEN-
TINVS lib. 5. PEVCERVS in Chron. lib. 4. SPANGENBERG in der
Mansfeldischen Chronik, c. 154. THVANVS lib. 2. und sonderlich
CPH. LEHMANN lib. 5. c. 17, Chr. Spirens. stattlich ausgeführt und
erwiesen, daß solches keinen Grund habe, sintemal einige Meldung
VII. Electorum, oder der 7. Churfürsten in den alten Historien nir-
gends gefunden wird, sondern ALBERTVS, ABBAS STADEN-
SIS, und MARTINVS POLONVS, die erst nach Kaisers Friederichs
Zeiten gelebet, die allerersten seyn, so der Churfürsten oder Electorum
gedenken.

Und schreibet Onuphrius Panuinius ausdrücklich, daß die Ordnung
der 7. Churfürsten erst bey Königs Rudolphs Zeiten von Pabst Gregorio X. auf dem Concilio Lugdunensi bestättiget worden. Ob nun
wohl etliche der Meinung sind, daß zum wenigsten Kaiser Otto ein
solch

folch Decret gemachet, daß alle Macht und Gewalt einen' römischen
König zu erwählen allein bey den Teutschen stehen, und die welschen
Fürsten ausgeschlossen seyn, auch kein anderer, denn der von dem
teutschen Geblüt geboren, erwehlet werden, und der Pabst sich nicht
unterstehen sollte, jemand für einen römischen König zu erklären und
zu bestättigen, er wäre denn von der teutschen Nation Ständen ein-
hellig erwehlet worden; welches auch Pabst Gregorius also confir-
miret habe rc. Ob auch gleich BELLARMINVS *de translat. imp.* sich
sehr bemühet, obstehende Meinung und sonderlich dies zu erweisen,
daß durch Kaisers Otto Decret und Constitution die Wahl eines römischen Königs allein den Teutschen Fürsten befohlen, und andere
Stände und Gemeinde davon ausgeschlossen worden: daraus andre
noch ferner diese Vermuthung geschöpfet, daß bey solcher Wahl, obgleich dieselbe dazumal bey allen teutschen Fürsten insgemein bestan-
den seye, dennoch diejenige, so des Reichs-Aemter getragen, als Cantz-
ler, Truchses, Mundschenk, Marschall und Cämmerer, den Vorzug
und Vorsitz gehabt hätten: So hat doch vorgedachter LEHMANN
d. l. solches Gedicht dermassen refutirt und hintertrieben, daß darwider aufzukommen unmöglich ist; sintemal von solcher Constitutione
Ottonis weder in geistlichen noch weltlichen Rechten das geringste uestigium nicht allein nicht zu finden, sondern es hat auch gedachter
LEHMANN aus vielen alten Historicis erwiesen, daß sowohl vor als
nach Ottonis Zeiten, bis auf Fridericum II. die römische Königs-Wahl
jederzeit durch alle Fürsten und Stände des Reichs insgemein, soviel
nemlich deren dabey erschienen sind, verrichtet worden. Und findet
man gar nicht, daß diejenige, so des Reichs Aemter getragen, einen
Vorzug gehabt hätten, sintemal Spangenberg schreibet, daß etliche Königs-Wahl vorgegangen, dazu Pfalz und Brandenburg gar
nicht gekommen sind. Aus welchen allen zu vernehmen ist, daß
Rixner sich sehr übel bedacht hat, indeme er zu obgeregten Zeiten
der Churfürsten gedenket, da sie doch noch allerdings unbekandt gewesen, und also daraus abzunehmen, daß Rixner diese angegebene
Churfürsten entweder selbst fingiret, oder doch nomen officii von dem
Seinigen dazu gesetzet habe. Zumalen er von dem Pfalzgrafen schreibet, daß er Kaisers Friederichs des ersten Bruder gewesen, da doch
Dr. MARQVARDVS FREHER *in orig. Palat.* anzeiget, daß die Pfalz
am Rhein, ehe sie an das Haus Bayern kommen, bey einer andern
Familia, und nicht bey denen Herzogen zu Schwaben, gewesen seye.

Für

Decimus, zweifelhaffte Locirung vielerley in den Fürsten, Grafen und Herren Stand.

als 1) in dem Haus Bayern, Fol. 74. a. 85. b.

2) zwischen den Fürsten und Grafen zu Henneberg,

3) unter denen Burggrafen zu Nürnberg, deren er etliche zu früh in Fürsten Stand setzet, Fol. 109. a. 117. b. Fol. 120 b.

Wenn die Burggrafen Fürsten worden, Ihre vorige Praedicata.

Für das zehente hat Rixner in seinen Thurnierbuch ihrer viel in Fürsten, Grafen und Herren Stand gesetzet, in welchem sie niemals gewesen, oder solchen doch zu selbiger Zeit noch nicht erlanget, noch sich desselben gebrauchet haben. Als zum Exempel, im 10ten Thurnier setzte er, daß 34. Fürsten und Grafen des Fürstlichen Geblüts vom Haus Bayern denselben Thurnier in eigener Person besuchet haben, da doch mehr denn 12. Geschlecht darunter sind, die nicht bayrischen noch fürstlichen Geblüts seyn, auch weder von dem Haus Scheuern noch Wittelsbach herkommen. Videatur D. WIGVLEIVS HVND in praefat. Tom. I. de famil. Bauaricis. Item im 5ten Thurnier zu Merseburg de 996. fol. 51 b. setzet er Berthold, Fürsten und Grafen zu Henneberg, wiederum im Thurnier fol. 109 a. zu Würtzburg A. 1235. Berthold, Fürsten und Grafen zu Henneberg; und im Thurnier fol. 117. b. zu Schweinfurt de A. 1296. Heinrich Fürsten und Grafen zu Henneberg, da doch die Grafen zu Henneberg, und zwar nur einer, Bertholdus genannt, von der Schleusingischen Linie, erst A. 1310. durch Kaiser Heinrich VII. in den Fürsten Stand erhoben worden, wie denn das Diploma, so darüber gefertiget ist, in Spangenbergs Hennebergischen Chronic lib. 5. c. 5. zu finden. Also setzet er Ao. 1198. in Thurnier fol. 95. b. zu Nürnberg, Burggrafens Friederich Gemahl, denn A. 1209. in Thurnier fol. 104. a. zu Worms, Bertholdum, Burggrafen zu Nürnberg, wiederum Ao. 1235. in Thurnier zu Würtzburg, Burggraf Friedrich, item A. 1296. in Thurnier zu Schweinfurt abermals Burggrafen Friedrich zu Nürnberg, und A. 1311. in Thurnier zu Ravenspurg Burggrafen Friedrich zu Nürnberg, alle in Fürsten Stand; da doch notorium und unlaugbar ist, daß sie erst A. 1368. in den Fürsten Stand erhoben, und ihnen zuvor nur das Grafen Praedicat gegeben worden.

König Rudolphus, und K. Adolph, item Scheinbott, Bischoff zu Eichstätt, nennen Fridericum I. Burggrafium de Nurenberg, Nobilem Virum, Kaiser Carl Ao. 1350. und Herzog Rudolph zu Sachsen A. 1363. den Edlen Friedrich, Burggrafen zu Nürnberg, Johann Graf zu Nassau A. 1360. den Edlen, unsern lieben Ohelm Albrecht, Burggrafen zu Nürnberg. Ja ihre eigene Diener und Adulatores haben sie nicht anderst als Grafen tituliret, e. g. ich Erdenbrecht, des Edlen, meines gnädigen Herrn Burggraf Friedrichs Amtmann zu Nürnberg 2c. Ao. 1325; Item, ich Johann von Vestenberg bekenne

kenne, daß Philipp Groß, des Heintzen Sohn, einen Brief fürbracht, mit des Edlen, meines gnädigen Herrn Burggraf Friedrichs Innsiegel ꝛc. A. 1331. Und das billig allen Zweifel aufheben sollte, haben sie sich selbst nur Grafen genennet, z. E. Bey dem Closter Himmelsthron zu Gründlach ist ein Brief, darinnen Burggraf Friedrich dem Closter alle seine Urkund und Freyheiten, die sie von den Grafen von Orlamünd haben, bestättiget, wie ihnen dieselbe (verba sunt formalia) der Edel Graf Johannes, sein Vatter, bestättiget hat. Dat. A. 1358.

Wie denn die alten Burggrafen zu Nürnberg, auch in diplomatibus, nur unter die Grafen gesetzet worden, massen Spangenberg in der Hennebergischen Chronick l. 2. c. 16. ein diploma Friderici I. allegirt, darinnen er dem Stift Würtzburg das Hertzogthum Francken bestättiget Ao. 1168, deme sind als Zeugen unterschrieben: Poppo, Graf zu Henneberg und Burggraf zu Würtzburg, Gerhard, Graf zu Wertheim und dessen Bruder Hermann, Ruprecht zu Castell, Conrad, Burggraf zu Nürnberg, Conrad von Vorberg, Friedrich von Bibrach ꝛc. Also findet man auch ein Diploma in D. WIGVLEI HVNDS Metropoli Salisburg, so datirt Ao. 1180. darinnen er einen Markt von München gen Vorchheim transferiret, welchen eine grosse Anzahl Zeugen unterschrieben, und unter denselben 3. Burggrafen, N. Friedrich und Heinrich sine attributo, wo sie Burggrafen gewesen, aber der dritte wird zu Nürnberg genennet. Die vorgemeldte 2. Burggrafen stehen unter den Zeugen ziemlich weit von ihm. Nach ihme stehen Friedrich und Albrecht von Truhendingen, Ammelbrecht von Lachhausen, Heinrich, Marschalck von Pappenheim ꝛc.

WOLFG. LAZIVS lib. 6. de migrat. gent. setzet ein Diploma Friderici II. Imp. darinnen er Volrado, Patriarchae Aquilegiensi Comitatum Foro-Iulii (oder Friaul) übergiebet Ao. 1214, darinnen als Zeugen unterschrieben sind erstlich etliche Bischöffe, und nach denenselben Ludwig, Hertzog in Bayern, Albrecht Graf zu Tyrol, Friedrich Burggraf zu Nürnberg, und Ludwig Graf zu Ottenstein, die übrigen Zeugen sind nur gemeine von Adel.

Aus welchen Bericht des Rizners unverschämte Fuchsschwäntzerey fast mit Händen zu greifen ist, indem er keinen Scheu getragen, die nürnbergische Burggrafen von etlichen 100. Jahren her unter die Fürsten zu zehlen, da sie doch unter den Grafen schier in der
letzten

letzten Stell gesetzet worden, und ihre eigne Briefe ein anders ausweisen. Was er aber mit diesen Burggrafen sonsten für Fehler begangen habe, davon soll hernach absonderlich Bericht beschehen.

4) Bey denen Grafen von Hohenlohe. Denen Grafen von Hohenlohe und andern adellichen Geschlechten mehr, hat er gleichermassen den Fuchsschwanz gestrichen. Denn ob er wohl denen von Hohenlohe fol. 29. a. 37. b. 44. a. rc. in allen Thurnieren, von Anfang her, den Grafen-Titel angedichtet, so ist doch beyzubringen, daß sie, wie auch die Brauneck, die eines Herkommens mit ihnen sind, unter Kaiser Ludwig von Bayern sich dessen noch nicht angemasset haben.

5) Bey Den. zu Stein oder Hiltpoltstein. Fol. 45. b. Item im 12ten Thurnier zu Nürnberg setzet Rixner Ulrichen, Grafen zum Stein auf den Nordgau; das müßte nun einer von Hiltpoltstein gewesen seyn, von denen man doch nicht findet, daß sie jemals sich des Grafen-Tituls gebraucht, wie ihre Gedächtnisse in der Stadt Hiltpoltstein ausweisen.

Error undecimus, Setzung abgestorbener Geschlecht in die Thurnier. Fol. 104. b. Fol. 126. b. Vor das eilfte setzet er etliche Geschlecht in den Thurnier, die doch lang zuvor abgestorben sind. Zum Exempel, im 13ten Thurnier zu Worms Ao. 1209. setzet er Grafen Adelbert von Ebersperg, da doch dies Geschlecht, teste WIGVL. HVNDIO, mehr denn 150. Jahr zuvor, nemlich Ao. 1045. abgestorben. Also setzet er im Thurnier zu Bamberg Ao. 1362. Johannem, Grafen zu Orlamünd, da doch dieser Grafen-Stamm schon vorhero mit Graf Otten A. 1338. gar abgestorben.

Duodecim9. Meldung anderer Persohnen bey dem Thurnier, die damals todt ob. noch Kinder, ob. geistliche, ob. gar nie gewesen sind. Fol. 103. b. als 1.) Fol. 109. a. 2.) Vor das zwölfte setzet er etliche in Thurnier, die zur selbigen Zeit entweder nicht mehr gelebet, oder noch im kindlichen Alter, oder geistlichen Stands, oder wohl gar nicht in rerum natura gewesen. Also setzet er im 13ten Thurnier zu Worms Ao. 1209. Otto den rothen, Pfalzgrafen beym Rhein, und Churfürsten, und sein Gemahl Gertraud, Pfalzgrafen Heinrichs beym Rhein Tochter. Dieser Hertzliche, ob. sag Otto ist zur selbigen Zeit noch ein Kind, und zum Thurnier unerwachsen, vielweniger Churfürst gewesen; so hat auch sein Gemahl nicht Geertraud, sondern Agnes geheissen. Hingegen setzet er dessen Vatter im 14ten Thurnier zu Würzburg A. 1235., der doch 1231. und also 4. Jahr vor selbigen Thurnier, zu Kehlheim von einem unbekant

bekandten erstochen worden. Im 17ten Thurnier zu Ravenspurg A.F. 120. b.
1311. setzet er Johann, Herzog in Nieder-Bayern, da doch um 3.)
dieselbige Zeit weder in Ober-noch Nieder-Bayern, auch weder in
der Bayerischen noch Pfälzischen Linie, lang zuvor und hernach, keiner dieses Namens im Leben gewesen, wie WIG. HVND bezeuget.

In dem ersten Thurnier zu Magdeburg A. 935. setzet er Hein-Fol. 32. b.
chen, Grafen zu Henneberg; von diesem schreibet Spangenberg 4.)
in der Hennebergischen Genealogie lib. 15. cap. 21., daß er des Grafen Otten Bruder, aber geistlichen Standes gewesen, also, daß er
dem Thurnier gewißlich nicht beygewohnet, und finde er auch sonsten
dieser Zeit keinen Grafen zu Henneberg dieses Namens.

Ferner setzet Rixner im 4ten Thurnier zu Merseburg Ao. 968. Fol. 48.
Volckarten, Grafen zu Henneberg; davon schreibet abermals 5.)
Spangenberg d. l. cap. 19., daß dieser Name in dem Henneber-
gischen Geschlecht ganz fremd und unbekandt seye, und habe er
Rixner zwar der Grafen von Henneberg Genealogiam selbst zu-
sammengetragen, darinnen aber dieser Graf Volckart gar nicht zu
finden seye, daraus dann abzunehmen, daß Rixner im Thurnier-
Buch diesen sowohl als den vorigen selbst erdichtet habe.

Bey dem Thurnier, so A. 1198. zu Nürnberg gehalten worden Fol. 95.
seyn soll, setzet Rixner Grafen Poppo von Henneberg und dessen 6.)
Gemahl Sophiam, gebohrne Herzogin in Bayern, hierbey spricht
Spangenberg in der Hennebergischen Genealogie lib. 2. c. 26.,
daß dieser Graf Poppo kein Gemahl gehabt, die Sophia geheissen,
sondern dieselbe seye seine Mutter gewesen. Und ob man wohl sagen
möchte, daß das Thurnier-Buch von dem Vatter zu verstehen seye,
der auch den Namen Poppo getragen, so seye doch derselbe achthalb
Jahr vor diesem Thurnier todes verfahren. Also, daß sich Rixner
mit seinem Thurnier abermals verschnitten. Also auch in Thurnier F. 109.
zu Würzburg A. 1235. setzet er Bertholdum, Fürsten und Grafen 7.)
zu Henneberg, item im Thurnier zu Schweinfurth A. 1296. Otten F. 117. b.
Grafen und Herren zu Henneberg, da doch Spangenberg, deme 1.)
die ganze Genealogie der Hennebergischen Grafen bekandt ist, lib.
1. cap. 1. bezeuget, daß zu angezogenen Zeiten keiner dieses Namens

C   gele-

gelebet habe, und halte er derowegen dafür, Rixner habe ihme offt
Fol. 135. selbst gedichtet, was er gewollt, ohne Grund und Beweis, welches
9.) noch mehr aus dem erscheinet, daß er im Thurnier zu Schaffhausen
A. 1392. Wilhelmi, Fürstens zu Henneberg, gedenket, der doch (wie
abermal Spangenberg I. 4. c. 8. schreibet) damals nicht über 8.
Jahr gewesen.

Fol. 95.   Ferner, setzt Rixner bey dem Thurnier zu Nürnberg A. 1198.,
10.) daß Hertzog Heinrich in Sachsen und Bayern der Rothe, und in der
lateinischen Sprache Henricus Superbus genannt, diesen Thurnier besuchet habe, welches doch per rerum naturam unmöglich ist, sintemal
derselbe, teste VRSPERGENSI in Conrado III. A. 1139. schon gestorben. Und ob man gleich unter diesen Namen seinen Sohn Heinrich
den Löwen verstehen wollte, so hat doch derselbe (wann anderst auch
der noch im Leben gewesen, als von deme VRSPERGENSIS schreibt,
daß er A. 1195. schon gestorben seye) dieser Zeit weder das Hertzogthum Sachsen noch Bayern mehr gehabt, sondern es seyen dieselben
allbereit andern verliehen gewesen, wie aus denen Historien kundbar
ist. Und obgleich dieser Heinrich der Löwe die blossen Titel behalten
hätte, wie etwan heutiges Tages auch beschiehet; so ist doch nicht glaublich, daß er bey diesem Thurnier-Hof, in des Kaisers Gegenwart,
dessen Vatter diese Fürstenthümer andern verliehen hatte, mit diesen
Tituln wäre zugelassen worden. Wie man denn auch nicht findet,
daß sein Sohn Otto, der hernach Kaiser worden, sich dieser Titula
jemals gebraucht hätte. Es ist auch dieser Zeit kein andrer Hertzog
in Bayern gewesen, als Otto von Wittelsbach, dann Hertzog Wolff,
Hertzog Heinrichs des Stoltzen Brüder, der von Hertzogthum Bayern
durch Kaiser Friedrich allerdings hintan gewiesen worden.

Fol. 115.   Und findet man auch dieser Zeiten keine Hertzoge in Bayern Lud-
11.) wig genannt, den doch das Thurnier-Buch bey diesen Thurnier auf-
Fol. 95. setzet. Im 15ten Thurnier zu Regenspurg A. 1384. setzet Rixner
Hanns Georgner oder Jörgern, da doch bekandt ist, daß die Jörger,
ob sie gleich den Herren-Stand heutiges Tags führen, ihre Ankunft
von einem kaiserlichen Trompeter haben, daß auch ihr Adel nicht viel
über 100. Jahr alt ist, und sie deswegen nie keine Thurniergenossen
gewesen sind.

Vor

Vor das dreyzehente hat Rixner vielen adelichen Thurnier-
Geschlechten in dem hofiret und gratificiret, daß er sie gleichsam zu
Ruhm ihres alten Herkommens in die ersten und ältesten Thurnier
gesetzet, zu welchen Zeiten sie doch vielleicht noch nicht bekandt gewesen. Ob nun solches schwer zu beweisen, so hat doch Rixner sich
sowohl nicht können fürsehen, daß man solchen fucum bey vielen Familiis nicht gemerket hätte.

Zum Exempel: Im Thurnier Fol. 76 a zu Zürch. A. 1165. setzet
er Heinrichen von Wolfstein, wie auch in dem zu Nürnberg A. 1198.
Sigmunden von Wolfstein, im Thurnier zu Worms A. 1209. Friedrichen von Wolfstein, im Thurnier zu Würzburg A. 1235. Fol.
144 b. Wiguläus von Wolfstein, Ritter, und Ernsten von Wolfstein,
im Thurnier zu Regenspurg A. 1284. Fol. 135. a b Dietrichen von
Wolfstein, Ritter, im Thurnier zu Ravenspurg A. 1311 Fol. 121 a.
Albrecht von Wolfstein, Ritter, und Wilhelm von Wolfstein in den
Thurnier zu Schafshausen A. 1392.

Nun haben die von Wolfstein eine ausführliche Genealogiam,
die einer ihres Geschlechts, aus ihren brieflichen Urkunden selbsten zusammengetragen. In dieser Genealogia, die doch von Jahr 1080.
sich anfähet, wird von obstehenden Thurnier keiner gefunden; woraus
unzweifentlich zu schliessen, daß es eitel fingirte Namen seyn müssen.
Denn wer wolte glauben, daß so viel ritterliche Thurniers-Genossen
bey einer so ansehnlichen Familia so jähe in Vergeß sollten gekommen
seyn, daß auch ihre Agnaten von ihnen nichts wissen sollten; da doch
viel geringere, wie auch die Weibspersonen, allda aufgezeichnet worden. Zum wenigsten würden sich ihre Thurnier-Briefe bey ihrer
Posterität auch befunden haben.

Ein anders Exempel: In Bayern ist noch heutiges Tags ein adeliches Geschlecht, die Ebran von Wildenberg genannt. Es ist aber
Ebran einmal der teutsche Taufnahmen. Ebran von Wildenberg
ist gestorben Ao. 1344. Dieses Ebrans Taufnamen haben alle seine
Nachkommen, an statt eines Zunamens, oder nominis gentilitii angenommen, seine Vorfahren aber haben sich dieses Namens nicht gebraucht, wie WIGVL. Hund bey Beschreibung ihres Stamms
bezeugte. Und ist zwar solches nichts ungewöhnliches, sintemal unter
dem

dem fränkischen Adel bekandt ist, daß vor ungefähr 250. Jahren ein Seckendörfer gelebet, Namens Arnold, dessen Nachkommen sich lange Zeit von solchen Taufnamen die Nolden genennet.

Fol. 44.b.   1.)   Solches aber hat Rixner entweder 1.) nicht gewust oder be-
   2.)   trachtet. Denn im ersten Thurnier zu Magdeburg A. 938. benennet
Fol. 60 b. er Hilprand Ebran, Ritter, 2.) im dritten Thurnier zu Costnitz. AO.
   3.)   948. Johann Ebran von Wildenberg, 3.) im 7ten Thurnier zu Hall
Fol. 75. a. in Sachsen A. 1042. Wilhelm Ebran von Wildenberg, Ritter, 4.)
   4.)   im 10ten Thurnier zu Zürch A. 1165. Heinrich Ebran zu Wildenberg,
Fol. 114.   5.) im 15ten Thurnier zu Regenspurg A. 1284. Ehrenfried Ebran zu
a   5.)   Wildenberg, Ritter, 6.) im 17ten Thurnier zu Ravenspurg A. 1311.
Fol. 121. Hannsen Ebran von Wildenberg. Diese alle nun müssen, vermög
a   6.)   Rixners Gedicht, den Namen Ebran tragen, der doch in dieser
Familie als ein Stamm-Namen zu denselben Zeiten allerdings unbekandt gewesen, und derowegen sost mit Händen zu greifen ist, daß
es eitel fingirte Namen sind.

3.) deren   Das 3te Exempel: die Freudenberger haben, wie WIG. Hund
von Freu- de famil. Bauar. bezeuget, ihre Ankunst von Babonis von Abensberg
denberg, Söhne einem, welcher Babo bey Zeiten Keisers Heinrichs des 2ten gelebet hat. Nichts desto weniger hat sie Rixner wohl 100. Jahr
zuvor in sein Thurnier-Buch gesetzet; als im 4ten Thurnier zu Mer-
Fol. 48. b seburg A. 968. Anna, gebohrne von Freudenberg, und im 6ten Thur-
Fol. 57. b nier A. 1019. zu Trier, Wolff von Freudenberg. Da doch dieses
Geschlecht zu denselbigen Zeiten noch allerdings unbekandt gewesen ist.

4tens) die   Das 4te Exempel: die Seiboldsdörffer, ein adeliches Thurnier-
Seibold- Geschlecht in Bayern, so noch heutiges Tags in guten Wesen ist, sol-
dörfer. len, vermög Rixners Thurnier-Buchs, dem 1. 3. 8. 10. 13. 14.
16. 17. 18. 19. und 20sten Thurnier beygewohnet haben. Die Namen der Personen kan ein jeder bey gedachten Thurnieren selbsten finden, wird aber von ihnen sonst nirgends nichts gefunden. Dahero
die Seiboldsdörffer heutiges Tags solche selbst nicht agnosciren, sondern in ihrer Genealogia ist der Fol. 135 b erste Thurnierer Wolff von
Seiboldsdorff, im 21sten Thurnier zu Schafshausen A. 1392 Eras-
mus von Seiboldsdorff, im 22ten Thurnier zu Regenspurg A. 1396.
und

und mehr andere in nachfolgenden Thurnieren. Dahero folget, daß
Rixner die ältern alle selbst erdichtet. Wer nun Zeit hätte und die
Gelegenheit bey andern Familiis und Ständen dergleichen Dingen
mehr nach zu forschen, der würde solcher Fehler des Thurnier-Buchs
eine grosse Anzahl finden.

So viel dann für das vierzehente die nürnbergischen Burggrafen
belanget, will operae pretium seyn, dasjenige, was Rixner im
Thurnier-Buch von ihnen schreibet, besser zu examiniren, weil man
sich unterstehet, selbiges zu Beweisung ihres Fürstlichen Herkommens
zu mißbrauchen. Es setzet aber gedachter Rixner in seiner Erzeh-
lungs des Heerzugs Kaisers Heinrichs wider die Hunnen, Obotritten
und Wenden, unter die, so mit Herzog Conrad in Franken dem Kaiser zugezogen sind, Albrecht Grafen zu Nürnberg, in welchem er zwar
des Tituls nicht unrecht daran ist, dann man in alten Briefen findet,
daß die nürnbergische Burggrafen vor Alters sich des burggräflichen
Tituls nicht, sondern nur des Gräflichen gebraucht haben. Also findet man lib. 7. LAZII de Gent. migrat. Popponem Grafen zu Nürnberg, welcher Marggrafen Diepolds von Vohburg Sohn soll gewesen seyn. Dieses Burggrafens Albrechts wird auch gedacht in der
magdeburgischen oder sächsischen Chronic, so MATTH. DRESSE-
RVS vor etlichen Jahren wiederum drucken lassen, desgleichen von
Spangenberg in der Mansfeldischen Chronic, cap. 124, daß er
in dem Thurnier zu Magdeburg gewesen seye. Das ist aber von beeden, allen Ansehen nach, aus dem Thurnier-Buch genommen, und
derowegen nichts darauf zu bauen. Es wird auch dieses Burggrafens Albrechts allein bey gedachten Heerzug, bey dem Thurnier aber
nicht gedacht. Im Heerzug wird auch gesetzt Heinrich Burggraf zu der Neuenburg oder Neurburg, daß er dem Kaiser mit 40.
Pferden zugezogen, und im Thurnier mit Herzog Conrad in Franken aufgetragen habe. Diesen hält zwar Spangenberg auch für
einen Burggrafen zu Nürnberg, das ist aber dem ausdrücklichen
Druck des Thurnier-Buchs, dessen ich 4. unterschiedliche editiones
gesehen habe, nicht gemäs, es seye gleich dieser Burggraf gewesen wer
er wolle. In dem Extract aus dem Thurnier-Buch, so in der zu
Onolzbach angestellten Commission, in caussa peutorii die fraislliche
Obrigkeit um die Stadt Nürnberg betreffend, vorgeleget worden, ist
die-

Marginal notes (right):

Error de-
cimus
quartus,
bey vielen
Grafen
und Burg-
grafen zu
Nürnberg.
als 1mo)
Fol. 13.a.
vor Alters
nur Gra-
fen zu
Nürnberg.

1do)
Fol. 15.a.

C 3

Dieser Heinrich auch für einen nürnbergischen Burggrafen vorgeleget worden, sed perperam.

Wenn das Burggrafthum aufgerichtet worden.

Ob aber auch das nürnbergische Burggrafthum so alt, und Ao. 930. allbereit in rerum natura gewesen seye, mögte wohl gefraget werden. Denn IRENICVS in Exeg. Germ. L. 3. c. 5. zweifelt sehr, ob dieses Burggrafthum von Kaiser Conrado I. oder Kaiser Conrado III. seye aufgerichtet worden. MVNSTERVS, PEVCERVS und andere vermeynen, das Burggrafthum Nürnberg seye aus der Reichs-Vogthey entstanden, in welchen sie sich doch gröblich irren; sintemal die nürnbergische Reichs-Vogthey und das Burggrafthum jederzeit unterschiedliche jura und dignitates gewesen und verblieben sind. Vermuthlich ist zwar, wie auch Christoph Enzelt und MVNSTERVS schreiben, es seyen beedes die Reichs-Vogthey und Burggrafthum zugleich miteinander von Kaiser Conrado I. A. 911. oder 914. aufgerichtet worden, und seynd etliche der Meinung, daß sie sich, vor Zerstörung der Stadt Nürnberg, unter Kaiser Heinrich V. nur Grafen geschrieben. Nachdeme aber Kaiser Conrad III. das Burggrafthum bestättiget, haben sie angefangen sich Burggrafen zu nennen, LAZIVS de Gent. migrat. libr. 7. pag. 159. Deme seye nun wie ihm wolle, so wird doch im Thurnier-Buch der Burggrafen zu Nürnberg Ao. 1198. nicht gedacht, worüber sich wohl zu verwundern ist; sintemal ex eodem LAZIO lib. 7. de Gent. erweislich, daß unter Kaiser Conrado II. gelebt habe Poppo, Graf zu Nürnberg, Marggraf Diepholds von Vohburg Sohn, wie auch oben gedacht worden.

Ferner schreiben der gedachte LAZIVS lib. 9. de Gent. migrat. und Christoph Enzelt in der Chronick der alten Mark, von einem Nürnbergischen Burggrafen, Friedrich genannt, welcher gewest ein Graf von Scherding und Förrenbach, der eine Tochter gehabt habe, Hedwig genannt, welche Grafen Gebhard von Supplingburg verheyrathet gewesen, und ihme Lotharium gebohren, so hernach zum römischen König erwählet worden. Dieser Burggraf Friedrich nun müßte unter Kaiser Heinrich IV. gelebet haben.

Wiederum findet man Otto, Burggrafen zu Nürnberg, Grafen von Bosen apud LAZIVM lib. 7. de migr. Gent. bey gelebet habe um das Jahr Christi 1100. Ueber das findet man, in alten Diplomatibus, um das Jahr 1120. Gottfridum Comitem de Nurnberg der soll A. 1140. noch gelebet haben, und wird für einen Grafen von Vohburg gehalten, WOLFG. LAZIVS de migr. Gent. l. 3. et in Comment. de famil. Auſtr. Dieſer haţţelnen Sohn gehabt, auch Gottfried genannt, und wird ihrer beeder in dem Priuilegio Kaiſer Heinrichs, K. Friedrichs II. Sohn, ſo er den Schotten-München zu Nürnberg A. 1225. gegeben hat, gedacht, daß ſie dem Cloſter St. Egydien etliche Güter geſchenket. Sie ſeynd aber damals beede, wie das Diploma zu erkennen giebet, vor dem dato dieſes Priuilegii ſchon längſt todt geweſen. Nach ihnen findet man in diplomatibus A. 1169. und 1180. Conrad, Burggraf zu Nürnberg, deſſen gedenket auch AVENTINVS lib. 6. non procul a fine. Dieſer Burggraf Conrad hat einen Sohn gehabt, Friedrich genannt, ſo auch Burggraf zu Nürnberg geweſen, wie LAZIVS ſchreibet lib. 7. de Gent. migr. pag. 373. der allegirt obangezogen Diploma Friderici II; darinnen er Comitatum Foro-Iulii Volratho Patriarchae Aquilegienſi übergiebet. Welches diploma datirt iſt apud Auguſtam Vindelic. in Curia generali A. 1214., in welchem dieſer Burggraf Friedrich ein Zeug iſt. Und eben dieſer Friedrich (wann anderſt das Thurnier-Buch Grund hat) könnte der geweſen ſeyn, deſſen Gemahlin bey dem Thurnier zu Nürnberg ein Tanz mit Marggrafen Wenzel von Mähren gegeben worden, ſeiner Perſon wird ſonſten bey dieſem Thurnier nicht gedacht.

Was aber von dieſem ganzen Nürnbergiſchen Thurnier zu halten ſeye, wird ſich hernach finden. Der Rixner aber hat von obſtehenden Burggrafen, auſſer dieſem Friedrich, gar nichts gewuſt, und ſie in Auentini Auszug nicht gefunden, würde gewißlich ſonſt nicht unterlaſſen haben, ſie in ſein Thurnier-Gedicht auch zu bringen, und Fürſten aus ihnen zu machen.

In dem 13ten Thurnier zu Worms Ao. 1209. wird Berthold, 1tio) Burggraf zu Nürnberg, unter die Fürſten gezehlet, und ſtehet doch Fol. 104. zwiſchen Balduin, Grafen zu Hennegau und Flandern, und Dietrich, 2 Grafen in Holland. Dieweil aber weder in Hiſtorien, noch Diplomatibus, einiger Burggraf Berthold gefunden wird, iſt es auſſer allen Zweifel ein fingirter Namen.

Noch

4(●)   Noch gröber läßt **Rixner** seinen Betrug merken bey dem 14ten Thurnier, so zu Würzburg A. 1235. gehalten worden seyn soll. Denn zu demselben setzet er, in Erzählung der Fürsten, so diesen Thurnier
Fol. 109.   besucht haben, diese Worte, „ Friedrich der andre seines Namens, Burggraf zu Nürnberg, des alten Geschlechts, bracht sein Gemahl Helena, eine gebohrne Herzogin zu Sachsen, mit ihme „ und hernach
Fol. 118.   bey Ausgebung der Tänze „ den ersten Tanz gab man Pfalzgrafen Ludwig, Churfürsten mit Frauen Helena gebohrner Herzogin zu
Fol. 112.   Sachsen, Burggrafs Friedrichs zu Nürnberg Gemahl „ und darnach wieder „ den 13ten Tanz gab man Burggrafen Friedrich zu Nürnberg, mit einer Fürstin von Henneberg. Und diese passus sind also in den Brandenburgischen Rotulum petitorii, die reaislihe Obrigkeit um die Stadt Nürnberg betreffend, gebracht worden. Diesen
Fol. 98.   Burggrafen Friedrich nun nennet **Rixner** den ändern seines Namens, (scilicet) weil er in dem 12ten Thurnier zu Nürnberg auch eines Friedrichs gedacht hatte. Und weil er nicht schreiben dörfen, daß er von dem Zöllerischen Stamm gewesen, schreibet er, daß dieser Burggraf von dem alten Geschlecht seye, aber alles ohne Grund.
Wenn die Burggrafen des alten Geschlechts abgestorben, Denn daß die letztern Burggrafen des alten Geschlechts, aus dem Stamm der Grafen von Vohburg gewesen, ist hieroben ex LAZIO bewiesen worden. Nun ist der Graf von Vohburg Stamm, wie AVENTINVS schreibet, A. 1254. oder wie LAZIVS meldet, A. 1210. ganz abgestorben. Wie kan dieser Burggraf aus den alten burggräflichen Vohburgischen Geschlecht gewesen seyn, weil niemand mehr von denenselben in Leben gewest ist? Denn daß LAZIVS, CVSPINIANVS in Adolpho Nassauico, PEVCERVS lib. 5. Chron. REINECCIVS in Beschreibung der Marggrafen zu Brandenburg und Burggrafen zu Nürnberg, Spangenberg im Adel-Spiegel lib. 10. c. 2. Laur. Beckenstein in der Genealogie der Landgrafen zu Thüringen, Christoph Enzelt in der Chronick der alten Mark, und andere mehr, von einem Heinrich, Burggrafen zu Nürnberg, schreiben, der A. 1280. oder 81. oder 89. erst gestorben seyn soll, das ist ein Figmentum, welches einer von dem andern abgeschrieben, und also je einer den andern damit betrogen hat. Sintemal in denen Diplomatibus, denen in solchen Fällen am meisten zu glauben ist, durchaus kein nürnbergischer Burggraf, des Namens Heinrich, gefunden wird; caussa erroris est, daß man etwa in den diplomatibus Henricum Burggrauium gefunden, ohne fernern Zusatz; welchen man alsdann also bald

halten für einen Nürnbergischen Burggrafen gehalten hat, gleich als
wann sonst nirgend keine Burggrafen gewesen wären.

Es ist aber dieser Burggraf Heinrich (wie GERARDVS DEL
ROO, in Annal. Austr. recht schreibet, und NAVCLERVM hoc loco
reprehendiret) nicht Burggraf zu Nürnberg, sondern zu Regenspurg
gewest. Und obwohl HVLDERICVS MVTIVS de reb. Germ. und
CHRISTIANVS VRSTISIVS in der Baßler-Chronic auch eines
Burggrafens Heinrichs zu Nürnberg gedenken; so gibt doch narratio
rerum gestarum zu erkennen, daß sie im Namen geirret, und daß solches von niemand anderst, als von Burggrafen Friedrich, der von
König Rudolph mit dem Burggrafthum belehnet worden, zu verstehen sey.

Es kan auch mit scheinlichen Gründen und Argumenten bewiesen
werden, daß die Burggrafen aus Zollerischen Stamm lang vor König Rudolphs I. Zeiten das Nürnbergische Burggrafthum in Besitz
gehabt haben. Denn daß Burggraf Friedrich, der von gedachten König Rudolph mit dem Burggrafthum Nürnberg belehnet worden, und
derowegen gewöhnlich Friedrich der I. genannt wird, ein gebohrner Graf
von Zollern gewesen, ist extra omnem controuersiam, denn sein Wappen,
dessen er sich gebrauchet, solches zu erkennen giebet. Dieser hat einen
Bruder gehabt, Conrad genannt, der sich auch Burggraf zu Nürnberg
geschrieben. Sonderlich ist in oftangezogener Commissione Petitorii, die
Fraisliche Obrigkeit um Nürnberg betreffend, ein Brief vorgeleget worden, darinnen Conrad und Friedrich, Burggrafen zu Nürnberg Gebrü-
dere, denen Ordensleuten des Closters Heilsbronn Freyheit gegeben,
daß sie vor ihren Unterthanen etliche Güter nehmen mögen etc. datum
A. 1246; daran hangen 2. Siegel, so beede burggräfliche Wappen mit
dem gecrönten Löwen, und der getheilten Farb am Rand haben.
Weil sie nun beede sich Burggrafen zu Nürnberg geschrieben, und
sich des Burggrafthums Wappen gebrauchet; so muß nothwendig
folgen, daß sie gebohrne Burggrafen gewesen, und dies Wappen
erblich gehabt haben. Ihr beeder Vatter hat A. 1260. noch gelebet, denn ein Kaufbrief über das Schlos Virnsperg de 1259., so
auch bey angezogener Commissione originaliter vorgeleget worden,
benennet mit Namen Conrad den ältern, Conrad den jüngern, und
Friedrich den jüngern, alle Burggrafen zu Nürnberg. So ist auch
ein Brief vorgeleget worden, in welchem Burggraf Conrad der ältere, mit Consens seines Sohnes Conradi, dem Closter Heilsbronn

*Wie lang
die letztere
Burggra-
fen das
Burggraf-
thum her-
gebracht
haben,*

D   etli-

etliche Güter zu Feldrecht übergiebet A. 1260. Dieses Burggrafen
Conrads Siegel (nemlich des ältern) so man an seinen Briefen
findet, hat diese Umschrift: S. Domini Conradi Burggrau. Norimber-
gensis, Comitis de Zollern. Er ist auch ohne Zweifel der, so in
Kaiser Friderici II. Priuilegio, welches er Anno 1219. der Stadt
Nürnberg gegeben, item in obangeregtem Priuilegio der Schotten-
Münch des Egydien-Closters A. 1225. und in andern diplomatibus al-
legatis a D. WIGVL. HVNDIO in Metrop. Salisburg. A. 1229. genennet wird. In der nürnbergischen Reichs-Vesten Saalbüchlein
wird dieser obgedachten 3. Burggrafen dergestalt Meldung gethan,
daß der Vatter genennet wird der alte Burggraf, der eine Sohn
wird mit Namen genennet Burggraf Conrad, und der andere der
junge Burggraf.

Aus diesen und andern mehr dergleichen Briefen, so angezogen
werden könnten, wird unwidersprechlich erwiesen, daß die Burggra-
fen Zollerischen Stamms, das Burggrafthum Nürnberg lang vor
König Rudolphs Inuestitur in Besitz gehabt haben. Item wird auch
daraus bescheinet, daß Burggrafen Conrads des ältern Gemahl seye
König Rudolphs Schwester gewesen, Clementia genannt, und nicht
Agnes, wie andere schreiben, auch daß er von ihr eine Tochter gehabt,
Adelheid, so einem Pfaltzgrafen Kreiberg verheyrathet worden.
Ferner schreibt Christoph Lehmann in seiner Speyerischen
Chronic l. 5. c. 77. ex Chronico Hirsaugiensi, daß Conrad Graf von
Zollern und Burggraf zu Nürnberg (notetur haec coniunctio) A.
1214. in Gegenwart Kaisers Ottonis ein Schloß, Rütenburg genannt, in der Marggrafschaft Baden gelegen, so er von Stift Speyer
zu Lehn getragen, Bischoffen Conrad daselbst aufgegeben habe ꝛc. Ob
es nun dieser Burggraf Conrad, oder desselben Vatter gewesen sey,
davon weiß ich zwar nichts gewiß zu berichten. Es ist aber ausser
allem Zweifel Burggrafs Friedrichs Bruder gewesen, dessen hier oben
gedacht worden; so auch in diplomatibus Ao. 1214. gefunden wird,
und dessen Vatter Anno. 1168. und 1180. in Urkunden benennet
wird. Daraus muß gefolgen, daß die Burggrafen Zollerischen
Stamms von solcher Zeit an und zuvor, vielleicht schon das Burggrafthum Nürnberg possediret haben.

Und solches wird noch mehr bestärket durch die Tauf-Namen
dieser Burggrafen, die entweder Conrad oder Friedrich genennt gewest, zweifelsohne darum, daß die Eltern gewöhnlich ihre Kinder
nach

nach ihrem eignen Tauf-Nahmen zu nennen pflegen, und daß der erste belehnte Burggraf Friedrich geheissen, wie aus etlichen Stift-Briefen darinnen er dem Barfüsser-Closter zu Nürnberg etliche Hoff-Stätt-Zinnß nachläßt, und dem Closter St. Eggdien St. Ottomaris Capellen übergiebet, zu ersehen, daß er seiner Praedecessorum und Vorfahren gedenket; daraus auch vernünftig zu schliessen, daß er von ihnen hergekommen, und ist derowegen auch vermuthlich, daß Burggraf Gottfried der andre dies Namens, der letzte aus dem alten Geschlecht gewesen seye. Zumalen weil man von ihme, nach solcher Zeit, in glaubhaften Schriften nichts mehr findet. Wer wollte derowegen glauben, daß Nürnberg über 100. Jahr, bis auf das 1280. oder 1289. Jahr zweyerley Burggrafen sollte gehabt haben. Hieraus ist abzunehmen, (ut haec obiter interspergantur) was von IOH. PISTORIO zu halten seye, welcher in IAC. MANLII Chronico Constantiensi, LAZIVM, HENNINGVM, GEBVILERVM etc. reprehendiret, quod aliena incerta fide tradant, aut caeco judicio Familias fabricent etc. und vermeinet, er habe die Sache gar wohl getroffen, indem er fürgibt: der erste belehnte Burggraf, aus dem Zollerischen Stamm, habe den Namen Eitel Friedrich gehabt, wie auch sein Vatter, da er doch in den Inuestituren und deren Confirmationen (die ich selbst originaliter gesehen) nirgend anderst als Friedrich genennet wird; so ist oben erwiesen, daß sein Vatter Conrad geheissen habe.

Refutatur Ioh. Pistorius, wegen des Namens Eitel Friedrichs unter denen Burggrafen,

Eben so ungereimt ist, daß in Kaisers Ferdinandi II. diplomate, in welchen Se. Majestät bey jüngstgehaltenen Churfürsten-Tag A. 1622. zu Regenspurg, Herrn Johann Georgen, Grafen zu Hohen-Zollern, in den Fürsten-Stand erhoben, welches auch durch offenen Druck spargiret worden, (doch ohne allen Grund) mit diesen formalibus vorgegeben wird: Kaiser Rudolphus I. habe Graf Eitel Friederichen von Zollern, der mit seiner leiblichen Schwester vermählet gewesen, das Burggrafthum Nürnberg verliehen, und ihn dadurch in den Fürsten-Stand erhoben. In welchen Worten multipliciter pecciret worden. Dann wann der Concipist solches von Friderici I. Vattern verstanden, so ist zwar nicht ohne, daß er König Rudolphs Schwester zur Gemahlin gehabt; er hat aber nicht Eitel Friedrich, sondern Conrad geheissen, per supra allegata, ist auch zu Zeit der Belehnung nicht mehr im Leben gewest. Verstehet er es aber von dem Burggraf Friedrich selbst, welchen König Rudolph inuestiret hat, so hat er gleichfalls den Namen Eitel Friedrich nicht ge-

Item der Grafen von Hohenzollern ungegründetes Vorgeben,

1.)

2.)

D 2   ge-

getragen, ist ihme auch König Rudolphs Schwester nicht vermählet, sondern dieselbe seine Mutter gewest, denn daß er zwo andere Gemahlinnen gehabt, wird hernach folgen.

So ist auch falsch, daß er durch solche Belehnung in den Fürsten-Stand erhoben worden. Dann wann solches die Wahrheit wäre, was hätten die Burggrafen für Ursache gehabt, sich erst 90. Jahr hernach durch Kaiser Carl den 4ten denen Fürsten des Reichs parificiren zu lassen? vor welcher Zeit ihnen von ihren eignen Dienern kein höher praedicat, als die den Grafen gebühren, gegeben worden. Hieraus ist zu sehen, wie schändlich man angeführet wird, wenn man solchen gemeinen Historien-Schreibern zu viel trauet, und nicht besser nachforschet, ob auch ihre narrationes mit den diplomatibus und besiegelten Urkunden eintreffen.

Fol 109.a Nun komme ich wieder ad rem, das ist, zu des Rixners Thurnier-Buch, und ist nun die Frag, wer der Burggraf Friedrich gewesen, der in dem 14ten Thurnier zu Würzburg Anno 1235. benennet ist? Daß er von dem alten Vohburgischen Burggrafen-Geschlecht nicht gewesen seye, wie Rixner vorgiebt, das ist hieroben allbereit widerleget worden. So kan er auch der Friedrich nicht seyn, den er in Thurnier zu Nürnberg gesetzet, denn er sonsten den andern dieses Namens nicht hätte nennen dörfen. Der Anhang aber, daß dieser Burggraf ein Gemahl gehabt, Helena genannt, so eine gebohrne Hertzogin zu Sachsen gewest, gibt zu erkennen, daß er der erste belehnte Burggraf seyn müsse, oder man weise mir einen andern Burggraf Friederich, der eine Hertzogin zu Sachsen, Helena genannt, zur Gemahlin gehabt.

1.) Damit wird nun Rixner der ersten Unwarheit überzeuget, nemlich, daß dieser Burggraf nicht von dem alten Burggräflichen Stamm, sondern von der Zollerischen Familia gewesen seye.

2.) Zum andern ist dieser Burggraf Anno 1235. gewißlich noch ein Kind, und nicht über 10. oder 12. Jahr alt, und also zum Thurnier nicht habilis gewesen, denn er gestorben Ao. 1297.

3.) Zum dritten hat er Anno 1248. Hertzog Otten von Meran Tochter gefreyet, und als dieselbe Todes verfahren, hat er alsdenn Helenam, Hertzgin zu Sachsen, zur Gemahlin genommen. Wie kan denn dieselbe als eine Burggräfin Anno 1235. bey diesem Thurnier erschienen seyn, zu welcher Zeit sie noch nicht gelebet hat? Denn sie ist erst gestorben Anno 1309., wie ihr Begräbnus im Barfüsser-Closter

ſter allhier in Nürnberg anzeiget, und wird in derſelben Barfüßer
Todten-Calender von ihr gemeldet, deß ſie dem Cloſter alle ihre Klei-
nodien legiret habe. Durch dieſen Bericht fället auch das Gedicht
der bey dieſen Thurnier fingirten Tänze zu Boden.

Im 16ten Thurnier zu Schweinfurt Anno 1296. ſetzet **Rixner** 4.)
unter die Fürſten Friedrichen, Burggraf zu Nürnberg, und Johann Fol. 117.b
den jüngern, Burggrafen zu Nürnberg, ſeine Brüder. Vor ihnen
ſtehet Heinrich, Hertzog in Brabant und Landgraf zu Heſſen, nach
ihnen Heinrich, Fürſt und Graf zu Henneberg, und iſt dieſer Paſs
auch in den obgedachten Brandenburgiſchen Rotulum gebracht worden. Nun iſt aus Königs Rudolph Inveſtitur de 1273. und aus der
Wiederholung ſub aurea bulla Anno 1281. offenbar, daß Burggraf
Friedrich damals noch keine männliche Leibes-Erben gehabt, daher
König Rudolph, vermög der Inveſtituren, ihme dieſe Gnad gethan,
im Fall er ohne männliche Leibes-Erben mit Tod abgehen ſollte, daß
ſeine Tochter Maria, Graf Ludwigs von Oettingen Gemahl, und
dero Leibes-Erben, oder wenn ſie auch keine Leibes-Erben hinterlieſe,
des Burggrafen andere Töchter zu dieſer Lehenſchaft ſollten zugelaſ-
ſen werden. Solche Clauſul aber iſt in Königs Albrechts Inveſtitur
de Anno 1300. ausgelaſſen, ohne Zweifel darum, weil der Burggraf
damals männliche Erben hinterlaſſen, durch welche die Töchter von
dieſer Belehnung ausgeſchloſſen worden. Wenn nun dieſe zween
Burggrafen Friedrich und Johannes erſt nach dem Jahr 1281. gebohren worden; ſo kan ja deren keiner bey dieſem Thurnier zu Schweinfurt über 15. Jahr alt geweſen ſeyn. Das ſind ja rittermäßige Thurnier geweſen, jetzt zu geſchweigen, daß **Rixner** den Friedrich vorge-
ſetzt, da doch der Johannes, vermög der burggräflichen Genealogie
älter geweſen, hat auch damals ſonſt kein Burggraf Johannes gelebt,
von deſſentwegen er der jüngere ſollte genennet worden ſeyn.

Bey den 17ten Thurnier zu Ravenspurg Anno 1311. kan zwar Fol. 120.b
ſeyn, daß Burggraf Friedrich (kann ſein Bruder Johannes Anno
1298. ledigen Standes geſtorben) demſelben beygewohnet, daß aber
Rixner denſelben zu den Fürſten regiſtrirt, doch gleichwol an die
letzte Stelle geſetzet, das hat er propria auctoritate gethan, und gewißlich in ſeinem verbrennten Original nicht alſo gefunden. Es iſt aber
dieſer Paſs dem brandenburgiſchen Rotulo auch einverleibet.

In den 19ten Thurnier zu Bamberg Anno 1362. wird Burggraf 5.)
Fridrich wiederum in die Fürſtenzahl geſetzet, auch Otten und Frie- Fol. 126.b
D 3   drich

drich, Grafen zu Henneberg vorgezogen. Das müßte nun der Friedrich seyn, so in nachfolgenden 1363. Jahr von Carolo IV. Imp. denen Fürsten des Reichs parificiret worden. Und ist dieser Paß in dem

Fol.130 b Brandenburgischen Rotulo auch transumiret worden. Dieser Burggraf Friedrich ist vielleicht auch derjenige, so in dem 29ten Thurnier zu Eßlingen Anno 1374. benennet wird. Mit denen andern Burg- und Marggrafen, so in nachfolgenden Thurnieren benennet sind, mag es seine Richtigkeit haben.

Error decimus quintus, qui et multiplex bey dem zu Nürnberg gehaltenen Thurnier, als 1.) bey dem Fränkischen noch florirenden Adel,

Für das funfzehente hat sich Rixner mit seinem Gedicht, bey dem 12ten Thurnier, der Anno 1198. zu Nürnberg soll gehalten worden seyn, so grob herausgelassen, daß ich davon, tanquam de re domestica, absonderlichen Bericht zu thun nicht umgehen können.

Denn zu dem, was allbereit oben von dem angezogenen Herzog Heinrich zu Sachsen und Bayern dem Stolzen, und Graf Poppen von Henneberg, gemeldet; so ist bey diesem Thurnier fast mit Händen zu greifen, daß er dem fränkischen Adel vor andern hofiren wollen, welches aus dem abzunehmen ist, daß er alle Manns- und Weibs-Personen, deren bey diesem Thurnier fast mit gedacht wird, und welche bey demselben die Thurnier-Aemter getragen, aus solchen Geschlechten genommen, die bey seiner Zeit, und noch in guten Würden seyn, also, daß nicht einer darunter zu finden, so aus einem abgestorbenen Geschlecht wäre. Da doch wissentlich ist, daß von solcher Zeit her eine grosse Zahl adelicher Thurnier-Geschlechte abgestorben sind. Die Ursache ist, er hat von dem abgestorbenen keinen Dank zu gewarten gehabt, darum er ihrer auch nicht geachtet.

2.)
Fol. 96. a
Ben etlichen Nürnbergischen Geschlechten, als:

Ferner benennet er 12. Personen, so der Rath zu Nürnberg den Thurnier-Vögten zugeordnet habe, welche, wie Rixner ohne Zweifel wollen andeuten, aus des Raths Mittel gewesen, nicht allein darum, weil er Ernst Grundherrn als Baumeisters, der jederzeit aus dem Rath genommen wird, gedenket, sondern auch, weil er schreibet, daß sie Befehl gehabt, wann etwas wichtiges an sie gelangete, daß sie solches hinter sich (neimlich an ihre Mit-Raths-Freunde) bringen sollten. Unter diesen 12. benennet er auch Sebald Waldstromer, Jägermeistern.

Waldstromer,

Nun ist notorium, daß nie kein Waldstromer zu Nürnberg in Rath gegangen, denn sie auch nicht Burger gewest, sondern in einem Frey-Hauß gewohnet, und sich nicht viel geringer als die Burggrafen geachtet.

Ihr Frey-Hauß haben sie dem Rath zu Nürnberg A. 1496. mit gewissen Beding übergeben, und seyn über lange Zeit hernach erst

Bur-

Burger daſelbſt worden. So kan auch dieſer Sebald Waldſtromer weder der Burggrafen, noch des Raths, Jägermeiſter geweſen ſeyn, denn die Waldſtromer ſelbſt Wildbahns-Herrn geweſt, welche den Wildbahn auf den Nürnbergiſchen Wäldern von Reich zu lehen getragen, wie ihre noch vorhandene Lehen-Briefe ausweiſen, und haben die Burggrafen ſich weiter nichts als tertiae ferae anzumaſſen gehabt, welches dann von dem dritten Theil der Wildbahns-Nutzung zu verſtehen geweſt; immaſſen die Churfürſten in der Unterhandlung, zwiſchen den Burggrafen und Rath zu Nürnberg, Ao. 1362. ſolches de tertia arbore foreſti alſo ausgeleget haben. Alſo, daß die Waldſtromer dem Burggrafen je das dritte Stück Wildpret, ſo ſie gefangen, zu liefern ſchuldig geweſen. So findet man auch in der Waldſtromer Genealogie durchaus keinen des Namens Sebald, welchen Namen ſie gewiß bey ihren Stamm würden behalten haben, wenn er bey ihnen in ſo alten Zeiten wäre gebräuchlich geweſen.

Kolern

Unter dieſen 12. vermeinten Raths-Perſonen wird auch gemeldet Wilhelm Koler, Forſtmeiſter. Es iſt aber aus der Koler Genealogia und vorhandenen Urkunden bekannt, daß Franz Koler, als ihme, nebſt ſeinen Schwägern den Waldſtromern, das Forſtamt von König Rudolph A. 1280. verliehen worden, dieſen Namen Forſtmeiſter erſtlich angenommen hat, der zuvor in ihrer Familie unerhört geweſen; wie ſie auch denſelben, nachdem ſie ſich dieſes Lehens begeben, wiederum fahren laſſen, und ſich nach ihrem alten Namen Koler genannt. Alſo, daß Rixner mit dem Namen Forſtmeiſter mehr denn um 80. Jahr zu frühe kommen iſt.

Pilgra-
men,

Ob auch gleich dafür gehalten wird, daß die Pilgram, ſo zu Nürnberg im Rath gegangen, und lange Zeit daſelbſt gewohnet, eines Herkommens ſeyn mit denen von Eyb, ſo findet man doch nicht, daß ſie vor Alters ſich von Eyb geſchrieben oder genennet hätten. Alſo, daß Rixner dieſen Beynamen ohne Zweifel auch erdichtet hat.

Von andern Geſchlechtern, ſo mit dem Kaiſer gen Donauwerth geritten ſeyn ſollen, wird hernach ferner Bericht folgen. Was dann Rixner erzehlet von dem Banquet, das der Rath zu Nürnberg dem Kaiſer, und denen Thurniers-Genoſſen, gehalten haben ſoll, iſt auch ſehr verdächtig; ſintemal von keiner Stadt, bey deren die Thurnier gehalten worden, dergleichen Ding, oder auch, daß derſelben Burger und Geſchlechter, zu den Geſtechen ſich hätten gebrauchen laſſen, im Thurnier-Buch gefunden wird. Woraus denn offenbar erhellet, daß

3.)
Bey dem
vermeint-
lich gehal-
tenen Ban-
quet, und
mit ſtechen
den Bür-
gern,
Fol. 100.
a. b.

daß Rixner, der Stadt Nürnberg und dero Burgern auch eine sonderbahre Ehre beweisen wollen; zumal weil er 3. Personen, die im Gestech das Beste gethan, auch aus solchen Geschlechten benennet, welche noch heutiges Tags in guten Wesen sind.

Ich möchte auch gerne vernehmen, wo zur selbigen Zeit ein solch Rath-Hauß zu Nürnberg gestanden, das drey Säle gehabt, auf deren jeden 6. Fürstliche Tafel gespeiset werden können, wie Rixner allhier gedichtet? Denn von keinem Rath-Hauß zu Nürnberg einige Meldung zu finden, als von dem, so noch heutiges Tags das Rath-Hauß ist. In demselben hat der Rath ohne Zweifel auch die gewöhnliche Zusammenkünften gehalten, ehe man sich mit dem Kloster Heilsbronn der bewußten Vererbung wegen verglichen hat, und ist dasselbe kein Brod-Haus gewesen, wie etliche aus Mißverstand des Erb-Briefes vermeinet, sondern das Brod-Hauß, so dem Closter Hailsbronn, neben dem vererbten Haus zur Versicherung verschrieben worden, ist bey der Juden-Gaß, vor Caroll IV. Zeiten, auf dem Platz gewesen, da heutiges Tags der Salz-Markt ist. Hingegen findet man, daß der Platz vor dem Rath-Hauß und St. Sebalds-Kirch vor Alters der Salz-Markt genennet worden. Denn ehe der Thor an St. Sebalds-Kirchen erweitert und neu gebauet worden, ist daselbst ein ziemlich grosser Platz gewesen. Es hat aber das Rath-Hauß, noch bey Caroli IV. Zeiten, mehr Weitdurft nicht gehabt, als was der Saal, die Losung-und Raths-Stuben in sich begreift. Daß aber etliche vermeinen, es seye das Wirths-Haus am alten Wein-Markt, so heutiges Tags zum rothen Rößlein genennet wird, vor Alters das Rath-Hauß gewesen, das kan gar nicht seyn, sintemal vor Caroli IV. Zeiten der Stadt-Graben von Thiergärtner-Thor herab, gegen den Wasser-Thurn am Neuenbau gelanget. Müßte also das Rath-Hauß entweder vor der Stadt draussen, oder zunächst an der Stadt-Mauer gewesen seyn, welches wider den gemeinen Gebrauch aller Städte ist.

Zudeme, so findet man, weil man am neuen Rath-Hauß gebauet hat, daß der Rath im Augustiner-Closter, ja auch bisweilen in Privat-Häusern zusammen gekommen seye. Wenn nun das angezeigte Wirths-Hauß sollte das Rath-Hauß gewesen seyn, würde ja der Rath die täglichen Zusammenkünfte, bis der Bau des neuen Rath-Haußes vollführet worden, darinnen continuiret haben, und wäre unvonnöthen zu erweisen, daß das alte Rath-Hauß am Fisch-Markt

in

in der Tuchgaffen geſtanden, und ein alt hölzernes Gebäud geweſen. In Summa, es ſeye das alte Rath-Hauß geweſen, wo es wolle, ſo wird man doch in der Stadt Nürnberg keines mit Grund der Warheit zeigen oder beybringen können, das ſolche drey Sál gehabt, wie Rixner gedichtet hat.

So viel denn den Ritt, oder die Begleitung Kaiſer Heinrichs bis gen Donauwerth belanget, ſo durch 40. Nürnbergiſche Geſchlecht mit 400. Pferden A. 1198. geſchehen ſeyn ſoll; ſo hat Rixner damit denen Nürnbergiſchen Geſchlechten den Fuchsſchwanz ſtreichen wollen, ſich aber dabey gröblich vergeſſen. Denn er unter die Zahl ſolcher Geſchlecht etliche gezehlet, ſo, wie beweißlich iſt, damals zu Nürnberg nicht Burger geweſen, weniger allda gewohnet haben. Dann Friedrich Haller, der erſte dieſes Geſchlechts, von Bamberg, iſt zu Nürnberg Burger worden A. 1305. Hartwig Volkamer, der erſte dies Geſchlechts, von Neumarkt, iſt zu Nürnberg Burger worden Ao. 1337. Heinrich Rieter iſt zu Nürnberg Burger worden A. 1361, der erſte dieſes Geſchlechts. Die Zenner um das Jahr Chriſti 1370. und Conrad Tucher, der geſtorben 1326. und Berhold Tucher, der Zenner vermuthlich ſein Bruder geweſen, und zu Nürnberg Burger worden A. 1309, ſeynd ohne Zweifel dies Geſchlechts die erſten, ſo zu Nürnberg gewohnet. Heinrich Schütz, von Hogenbach, iſt zu Nürnberg Burger worden A. 1310. und Friedrich Schütz 1368. Walther Schütz A. 1375. Cunz Schütz A. 1383. Friedrich Kreß iſt der erſte dies Geſchlechts geweſen, der ſich gen Nürnberg geſetzet hat um das Jahr 1297, und Heinrich Kreß iſt daſelbſten Burger worden A. 1307. Lutz Steinlinger der erſte, ſo zu Nürnberg gewohnet, iſt A. 1360. In die Stadt kommen. Die Lemblein ſeynd ein Bambergiſches Geſchlecht, und gar ſpat gen Nürnberg kommen um das Jahr 1400. Heinrich Prünſterer iſt zu Nürnberg Burger worden A. 1388. und wenig Zeit zuvor Friz Prünſterer. Die Kipper und Ingram ſind ein Bambergiſches Geſchlecht, und gar ſpat erſt gen Nürnberg kommen, und Burger worden. Dergleichen auch von andern Geſchlechten, die Rixner unter die Nürnbergiſche Relſige gerechnet, könnte beygebracht werden.

So hat auch Rixner ſchlechte und gemeine Leute mit eingemiſchet, als die Sigwein, ſo nur Tuchmacher, die Eſcheloher, ſo nur Blechſchmidt geweſen, und von denen gar keine Vermuthung, daß ſie ſo lang zu Nürnberg ſollen gewohnet haben.

C

Hin-

[Marginalien:]
A. 1198. Widerlegung der Begleitung K. Heinrichs gen Donauwerth von den Nürnbergiſchen Geſchlechten.

Erſte Ankunft etlicher Geſchlechter zu Nürnberg, als Haller, Volkamer, Rieter, Zenner, Tucher, Schützen, Kreſen, Steinlinger, Lemblein, Prünſterer, Kipper, Ingram,

Etliche falſche Geſchlecht,

<table>
<tr><td>

Auch uralte abgestorbene.

</td><td>

Hingegen hat er andere gewis uralte Nürnbergische Geschlechte, die selbiger Zeit ohne Zweifel in guten Würden gewesen sind, ausgelassen, als da sind: die Krabner, Rother, Eßler, Teuffel, Katterbecken, Ortlieb, Gletzelmann, Krumbsitz, Altrosen, Kühedorffer, Schopper, Schnöder rc.

</td></tr>
</table>

Von dem Namen und Wappen der Stromer und Nützel.

So fehlet er auch mit den Stromern und Nützeln: denn sie, wie aus Ulmann Stromers Büchlein erwiesen werden kan, nicht von einem Stamm herkommen, haben auch die Stromer zur Zeit dieses erdichteten Thurniers den Namen Stromers noch nicht gehabt, sondern sind die Reichenbacher genennet worden, und haben, über lange Zeit erst hernach, den Namen Stromer von den Waldstromern angenommen, wie davon in gedachten Ulmann Stromers Büchlein ausführlicher Bericht zu finden ist.

So haben die Nützel vor Zeiten die Stromerische Lilien nicht, sondern einen schwarzen Adler in Wappen geführet: Und ist nichts ungewöhnliches, daß bisweilen ein Geschlecht von dem andern sein Wappen angenommen, per adoptionem oder andre Mittel. Also findet man, daß die Pfinzing der Geuschmidt Wappen angenommen, item deren ein Theil das Muffelische Wappen gebraucht hat, item daß etliche Tetzel das Ermreuther Wappen gebraucht haben.

2.) Und hat derowegen auch dieses keinen Grund, daß Kaiser Heinrich sie damals erst geadelt und bewapnet habe: Denn Ulmann Stromers Büchlein bezeuget, daß sie von Kaiser Conrado III. dieses

Von dem Adels-Brief der alten Nürnbergischen Geschlecht. Fol. 102b

Wappen mit 3. Lilien schon erlanget haben. Was dann Rixner von dem Adels-Brief narriret, den Kaiser Heinrich denen Nürnbergischen Geschlechten gegeben haben soll, wäre sich wohl zu verwundern, daß derselbe so gar verlohren worden, daß auch bey so vielen Geschlechten, die es sämtlich betroffen haben soll, nicht etwa nur eine blose Copey verblieben, oder aufzuweisen wäre, wenn Rixners Gedicht Grund hätte. Und weil dieser Adels-Brief dergestalt conditioniret gewesen seyn soll, wofern sie sich ihrer Rent und Zinß behelfen, und aller Bürgerlichen Hantierung müssig gehen würden rc. machet er dadurch unter dem Geschlecht selbst gleichsam einen Unterschied, und werden diejenigen, so nicht handthieren, denen andern vorgezogen, welches sich dann noch vielweniger auf Tuchmacher, Blechschmidt und andere Handwerks-Leute reimet, die er doch auch unter diese neue Edelleute gemischet hat.

3.) Das Vornehmste aber, so alles das, was von diesem Nürnbergischen Thurnier von ihme erzehlet wird, verdächtig machet, ist dieses,

ſes, daß OTTO DE ST. BLASIO in appendice ad Chronic. Ott. Fri-
ſing. ſchreibet, Kaiſer Heinrich ſeye A.1195. das drittemal aus Teutſch-
Land in Jtallam, und fürter in Apuliam, Calabriam und Siciliam ver-
reiſet, ſeye A. 1196. in Sicilia verharret, und habe ſeinen Bruder Hertzog Philipp in Schwaben heraus ins Teutſchland geſchicket. Und
nachdem derſelbe bey der Stadt Augſpurg auf den Gunzlach mit des
Kaiſers von Conſtantinopel Tochter Irene eine prächtige Hochzeit gehalten habe, ſeye er wieder zu dem Kaiſer in Sicilien gereiſet, deſſelben
jungen Sohn in Teutſchland zu führen, der Kaiſer ſeye aber zu Meſſina geſtorben A. 1197. Hiermit ſtimmet auch mit überein das frag-
mentum hiſtoricum praefixum CHRONICO ARGENTORATENSI
in welchem gemeldet wird, daß der Kaiſer auf der Jagd ſich erhitzet,
und in flieſſenden Waſſer ſich abkühlen wollen, habe ſich aber dermaſ-
ſen erkältet, daß er um S. Sixti Tag krank worden, und den Tag vor
Michaelis A. 1197. zu Meſſina geſtorben. Desgleichen ſchreibet GO-
THOFREDVS MONACHVS, Kaiſer Heinrich ſeye Ao. 1197. doch
in Apulia geſtorben, und ſeye Dominica Oculi von den Fürſten des
Reichs, einer neuen Wahl halben, eine Zuſammenkunft zu Cölln gehalten worden. Allegatos hos Au-tores ſequitur praeſtantiſſimus Hi-
ſtoricus CAROLVS SIGONIVS L. 15. de regno Italiae. RVPER-
TVS Henrici VI. expeditionem ſacram refert in annum Chriſti 1197.
mortem pariter in annum 1197. ad d. III. Cal. Octobris. PETAVIVS
in Rationario temporum, refert pariter in annum 1197. mortem eius.
FVNCCII Chronolog. III. Cal. Octobr. 1198. obiit Henricus VI.
Imperator. NAVCLERVS illum A. 1193. Alpes transgreſſum aſſerit. CRVSIVS in Annalibus Sueuicis: Anno. 1198. ſcribuntur a Rux-
nero Noribergae facti eſſe duodecimi ludi equeſtres Germanicae Nobilitatis die dominica poſt feſtum Purificationis Mariae, ubi congregati
et ſequentes dies huic exercitationi oſtentationique impertiti. Sed cum
Henricus Imperator, qui eis interfuiſſe narratur, poſt uernum tempus
in Italiam et Siciliam praecedente anno fuerit profectus, nec inde re-
dierit, debemus eos ludos ad annum 1197. (qui initio a Rixnero quoque in Germanico ipſius opere ponitur) referre. Sed neque ita con-
uenit Riixnerus cum iis, qui anno 1195. Alpes tranſiiſſe Henricum af-
firmant. CVSPINIANVS Panormi ſepultum anno 1198. ſcribit.
LEHMANNVS refert in annum 1198. AVENTINVS mortuum 1198.
die S. Michaelis, memorat. Meiſniſche Chronick p 525. anno
1198. REVSNERVS in Iſagoge Hiſtor. refert quoque mortem in an-

num 1198. d. 29. Sept. **Augspurgische Chronick** notat, er ſey den 30. Herbſt-Monats-Tag, anno. 1198. am Durchlauf von einem vergiſteten Tränklein, ſo ihm ſein Gemahl gegeben, geſtorben. BVCHOLCERI Index Chronolog. circa Calendas Octobris Meſſinae in Sicilia anno 1198. obiiſſe, aſſerit. Chronicon CARIONIS 1198. mortem eius indigitat; conſentit SLEIDANVS, qui uerba ſua ex OTTONE DE S. BLASIO et VRSPERGENSI deſumſit. **Thüringiſche Chronick,** anno 1198. am Tag Michaelis ſtarb Kaiſer Heinrich der ſechſte zu Meſſina. Und obwohl VRSPERGENSIS, et eum ſecuti MVTIVS lib. 19. und **Spangenberg** in der Mansfeldiſchen Chronick c. 237. ſchreiben, Kaiſer Heinrich ſey geſtorben A. 1198. an St. Michaels-Tag, und zu Panormo begraben worden; ſo iſt doch nirgend zu finden, daß er nach ſeinem Abreiſen, welches Ao. 1195. geſchehen, wieder heraus in Teutſchland kommen ſeye. Sondern es melden die Hiſtorien, daß er Vorhabens, wenn die irrige Fürſten-Sachen in Sicilien geſtillet, denen andern Fürſten, ſo vergangenen Jahrs in das heilige Land gereiſet, nach zu folgen; er ſeye aber durch den Tod daran verhindert worden. Uebrigens ſo iſt in **Chriſtoph Lehmanns** Speyr. Chron. I. 5. c. 66. et 69. ein diploma Herzogs **Philipps** in Schwaben zu finden, welches er der Stadt Speyer gegeben hat, nachdem er aus Sicilia mit Kaiſer Heinrichs Sohn, dem jungen König Friedrich, wieder in Teutſchland gelanget, das iſt datiret zu **Speyer,** XII. Calend. Febr. das iſt den 21ſten Ianuar. A. 1198. Woraus zu vermuthen iſt, daß Kaiſer Heinrich nicht mehr im Leben geweſt, und daß man ſeinen Todesfall vielleicht verheelet, bis der junge Prinz, oder er Herzog Philipp ſelbſt bey denen Teutſchen Fürſten ſich inſinuiret, und ſie zur Wahl disponiret hat.

Deme aber ſeye wie ihm wolle, es habe Kaiſer Heinrich noch gelebet oder nicht, ſo iſt doch daraus klar und lauter zu vernehmen, daß er eben zu der Zeit, um Lichtmeß Ao. 1198. da, vermög **Nixners** Gedichts, der Thurnier zu Nürnberg gehalten und der Kaiſer gen Donauwerth ſoll begleitet worden ſeyn, entweder todt oder noch lebendig in Sicilien geweſen ſeye. Und obwohl **Spangenberg** im Adels-Spiegel dem **Nixner** gerne helfen wollte, indem er vermeinet, der Thurnier ſeye nicht A. 1198. ſondern 1197. gehalten, und alſo mit der Jahr-Zahl ein Irrthum begangen worden, ſo iſt doch aus obſtehenden Innhalt zu vernehmen, daß auch dieſes nicht ſeyn könne, weil

weil der Kaiser A. 1195. aus Teutschland gereiset, und nicht wieder dar ein kommen.

Man will nun einen jeden unpartheyischen geringverständigen ur theilen lassen, ob nicht Ursachen genug angezeiget worden, daraus un zweifentlich zu schliessen, daß dieser ganze Nürnbergische Thurnier nichts denn ein pur lauter Gedicht seye, dessen sich Rixner, wenn er noch im Leben wäre, selbst schämen würde. Wer nun Zeit und Ge legenheit hätte, bey andern Städten, da die Thurnier gehalten wor den, wie auch bey denen Familien der Thurniers-Genossen, dergleichen Umstände zu examiniren, der würde gewißlich einen farraginem errorum zusammen bringen, welche ein grössers Volumen erfüllen würden, als das Thurnier-Buch selbsten ist, wodurch solches im End allen Glauben verliehren würde. Derowegen mögen diejenige wohl zusehen, die ihre Adeliche Ankunft auf das Thurnier-Buch fundiren wollen, daß sie dieselbe nicht vielmehr mit dieser Fabel contaminiren und verdächtig machen.

Für das sechzehente und letze, wenn gleich dem Thurnier-Buch, und denen darinnen beschriebenen Dingen zu glauben seyn solte, so wäre es doch ein unvollkommen Werk, sintemal erweißlich ist, daß mehr Thurnier gehalten worden, als in demselben beschrieben sind. Denn WIGVL. Hund, in der praefation seiner Bücher de fam. Bavar. schreibet, daß noch ein Thurnier zu Nürnberg gehalten wor den, ungefähr um das Jahr 1240., auf demselben habe Dietrich von Stauff zu Ehrenfelß Ritter, einen Dank bekommen, und seinen Thur nier gen Regenspurg aus geschrieben Ao. 1242., dessen Ausschreibens er etliche Briefe originaliter gesehen habe. Und dieses wird durch das Thurnier-Buch zum Theil selbst bestärket; denn von dem Thurnier zu Würzburg A. 1235. bis auf den nächsten darauf folgenden Thur nier zu Regenspurg A. 1284. sind 49. Jahr; dahero nicht glaublich, daß in solcher Zeit kein Thurnier solte gehalten worden seyn.

In den Nürnbergischen Annalibus wird gemeldet, als K. Carl IV. A. 1361. zu Nürnberg gewesen, und ihme damals ein junger Herr, der in der Taufe Wenzel genannt, gebohren worden, seyen bey sol cher Tauf viel Ritterspiel getrieben, und sonderlich ein Thurnier auß erhalb der Ringmauer der Stadt gehalten worden, deme viel Für sten beygewohnet haben. Item wird in gedachten Annalibus ferner vermeldet, daß Kaiser Sigismund A. 1434. im Herbst einen Thur nier

Error de cimus sex tus.
Die Un vollkom menheit des Thur nier- Buchs an sich selb sten, we gen der von Rixner ausgelasse nen Thur nier, als: 1.)

2.)

3.)

C 3

nier gen Nürnberg geleget, und Leonhard von Ebenheim Rittern zu beschützen beschlen, dazu der Rath alle Nothdurst verordnet habe. Die Schranken habe man bereitet am Montag vor St. Egydien-Tag, und seye der Thurnier Dienstag darnach gehalten worden, und ein grosses Thurnier gewesen, dergleichen man in langer Zeit nicht gesehen. Und seyen auf demselben 4. andere Thürnier ausgeruffen worden; Einer gen Heidelberg, denen Grafen zu Katzen-Ellenbögen, einer gen Eßlingen, denen von Rechberg, einer gen Regenspurg, denen von Frauenberg, und einer gen Neustadt an der Aisch, Marggrafen Albrecht zu Brandenburg, zu beschützen. Und ist allhier abermal vermuthlich, daß zwischen dem Thurnier zu Regenspurg A. 1412. und dem zu Stutgard A. 1436. deren mehr gehalten worden. Ao 1436. ist Marggraf Albrecht Friedrichen, und Conrad von Seckendorf, Ritter, ein Thurnier zu Nürnberg zu halten, durch den Rath abgeleinet worden, mit dem Vorwenden, daß bey dem nächst-gehaltenen Thurnier-Hof (welches ohne Zweifel von nächstgemeldten zu versteden) unbillige Dinge vorgelauffen, dergleichen zuvor niemand gedenket, ungeachtet Kaiser und König zuvor auch Thurnier-Höf zu Nürnberg gehalten; mit Bitte, den Rath für entschuldiget zu halten.

4.) Anno 1441. hat Marggraf Albrecht einen Thurnier gen Nürnberg geleget, und hat Walther von Hirnheim, und Sigmund von Lendersheim an den Rath zu Nürnberg abgefertiget, um Geleit und Schutz zu solchem Thurnier anzuhalten; der hat sollen gehalten werden auf Bartholomaei, ist aber durch Georg von Ebenheim bis auf Sonntag nach Martini verschoben, und alsdenn nicht allein der Thurnier, sondern auch ein Tanz auf dem Rath-Hauß gehalten worden.

5.) Anno 1458. Samstag vor Elisabeth seyn vor dem Rath zu Nürnberg erschienen, Heinrich von Aussetz, Sigmund von Lendersheim, Hanns von Eglofstein, Hanns von Seckendorf, alle Ritter, und haben von gemeiner Ritterschaft wegen gebetten, ihnen zu vergönnen, 3. oder 4. Wochen nach Ostern folgenden Jahrs einen Thurnier allda zu halten; so ihnen der Rath zugesaget, auch das Geleit versprochen, so ferne sie sich geleitlich hielten. Im Thurnier-Buch ist zwischen dem Thurnier zu Landshut A. 1439. und dem zu Würtzburg in '40. Jahren kein Thurnier verzeichnet, darzwischen die zwey obstehende Thurnier A. 1441. und 1459. eingefallen. Dieses findet sich nur bey der Stadt Nürnberg Archiv, was würde sich bey andern Städten

ten finden, wenn deswegen nachgesuchet würde; und man den Sachen auch so nahe kommen könnte. Von diesen Thurnieren aber hat Rixner durchaus keine Wissenschaft gehabt, würde es gewißlich sonst nicht unterlassen haben, eine lange Reihe von Fürsten, Grafen, Freyherrn, Rittern und Edlen zu dichten, und die Dänk und Tänze unter sie auszutheilen.

Schlüslichen ist zu erinnern, daß Rixner mit den Gesellen-Stechen zu Nürnberg, so er in das 1451. Jahr setzet, und damit den Nürnbergischen Geschlechten auch einen Fuchsschwanz verkauft hat, (weilen dergleichen Gesellen-Stechen im Thurnier-Buch sonst nirgends zu finden) sich an der Jahr-Zahl auch geirret habe; dann dasselbe nicht im Jahr 1451., da der Krieg zwischen Marggrafen Albrecht und der Stadt Nürnberg am heftigsten gewesen, sondern, wie aus dem Stadt-Archiv zu ersehen, Ao. 1554. gehalten worden, als das Jahr zuvor Herzog Wilhelm zu Sachsen, der in dem Krieg mit begriffen gewest, sich mit dem Rath zu Nürnberg auch versöhnet hatte; deme gleichfalls zu Ehren ein Gesellen-Stechen und Tanz gehalten worden. Von denen aber Rixner keine Wissenschaft erlanget hat, sonsten er nicht würde unterlassen haben, ein sonder Fest davon, seiner Gewohnheit nach, zu machen.

Rixners Fehler des den Gesellen-Stechen zu Nürnberg. Fol. 158. sq.

Atque haec hactenus von dem Thurnier-Buch dieses Georg Rixners. Wer mehr desselben Fehler anzuzeigen weis, mag sie auch hierbeyfügen.

Folgen nun die drey Extracte.

I. Extract aus oft bemeldten Thurnier-Buch, so viel den zu Nürnberg vermeintlich-gehaltenen Thurnier betrift.

Im Jahr 1198.
Fol. 94.b.
Heinrich der Sechst seins namens Römischer Keyser Künig zu Neapolis, Sicilia und Sardinia, Herzog zu Schwaben, eyn sun des ersten Keyser Friderichs, legt gemelten Thurnir umb dreier ursachen willen gen Nürnberg, die erste was das er der meynung were sich etlich Zeit auß dem Reich zuthun sein Erbreich und Fürstenthumb, auch eyn Regiment zubringen, und die zu friden zustellen, damit im Reich und sein Erblanden nichts versaumpt würd, die ander was etlich Fürsten im Reich noch nit mit im einziehen, wolten die wider seinen Vatter Keyser Friderich gewest waren, welche er gern gütlich wider in des Reichs gehorsam bracht het, die dritt ursach was das Nürnberg in kurzn jaren davor, durch die Keyserlichen krieg uñ Zwitrachten zwischen vatter und Sune, hart verderbt und geschleifft ward ꝛc.

Fol. 95.b.
Damit nun alle sach destbaß zuging, und die frembden gest erlich und wol gehalten würden, hetten Burgermeyster und Rathe der Stat Nürnberg, in sunderheyt Römischer Keyserlicher Malestat zu eren und gefallen, auch der löblichen Ritterschafft im Reich, unnd dem Adelichen Ritterspiel des Thurnirs zu fürderung und gutem, zwölff persone von alten Adelichen erbern geschlecht der Zeit in der Stat Nürnberg wonhafft verordnet, den Ambtleuten des Thurnirs in irem Bevelh, und was inen darzu von nöten, behülflich und fürderlich zusein, und seinde diß dieselben Zwölff:

Fol. 96.a. Friderich Haller, Hauptmann,
Sebald Waldstromer, Jägermeyster,
Niclas Pfinzing,
Sebald Volckheymer,
Heinrich Muffel,
Wolffgang Tucher,

Wilhelm Koler Forstmeyster,
Bilgram von Eib,
Hans Ebner,
Ernst Grundtherr,
Hildbrandt Haller,
Lorenz Holtschuer,

Diese

Diese Zwölff waren (als obstet) zu den Thurnir-Vögten unnd andern Ambtleuten des Thurnirs verordnet, das sie alle notturfft unnd was zu solchen eeren fürdern möchte, bestellen, und das selbig dann der obgenant Ernst Grundherr, als der Stat Nürnberg Bawmeyster ferrer außrichten und verschaffen soll, damit ganz keyn mangel an jnen erfunden würde, und ob etwas weiters an sie gelangte, das in jrem Bevelh nit were, solten jr zwen hinder sich eym erbern Rathe an bringen, uff das nicht vergessen oder unndterwegen blieb, zu diesen eeren dienlich rc.

Als nun uff gemelten Donerstag zu nacht die Thurnir, Dänz Fol.99.b. mi ander kurtzweil zu solchen eeren gehörende, sovil sich der Zeit zum Thurnir gezimbt, jr ennd erreycht hetten, liessen Burgermeister unnd Rathe zu Nürnberg, Fürsten, Graven, Freiherrn, Ritter und die vom Adel, mit sambt Frawen und Jungkfrawen die da zugegen versammelt waren, underthänigs fleiß bitten, das sie sich der kleinen Zeit biß uff negstkünfftigen Suntag nit verdriessen lassen, unnd bei jnen verharren wolten, sie Keyserlicher Maiestat und gemeyner Ritterschafft zu underthänigen gefallen und eeren, eyn malzeit und Danz halten rc.

Darnach waren noch Zwen anderer Säle verordent, wie nach-Fol. 100 stet rc. b.

Also wardt die malzeit mit gutter Ordnung unnd grossem lob gehalten rc. Darnach fing man an zu Rennen und Stechen, besunder die von den inwonenden Adelichen alten erbern geschlechten, die thetten vil gutter treffen mit rennen und stechen, das der Keyser selbst drei vor andern, jrer geschicklickeyt halben und meynt wann sie Fol.101.a bei den Fürsten erzogen weren, so thetten sie jme gnüg, und waren diß nachbenannten die selbigen drei: Der erst was Georg Haller, Der ander Sigmund Tucher, Der dritt Hans Holtschuer, Diese drei behielten uff diesen tag im Rennen unnd Stechen vor männigklich den preiß rc.

II. Extract aus eben gedachten Buch, so viel die Begleitung K. Heinrichs nacher Donauwerth anlanget.

Fol. 101ᵇ **A**uch kamen die von Nürnberg, mit vierhundert pferden, und hetten keynen Söldner oder andere Reysigen bei jnen, dann was sie in der Stat von den innwonern und alten Adelichen erbern geschlechten uffsigens hetten, eyn jeder nach seinem vermögen und wolgefallen, wann sie der Zeit nit handelten, hielten unnd nerten sich jrer stenden, Renten und Gülten, anderem Adel gleich, darumb sie auch andern vom Adel gleich gehalten wurden.

Vber diese, deren von Nürnberg Vierhundert und etliche pferd, was Oberster Hauptman, Wilhelm Haller der ältere, unnd mit jme Wilbold Grundherr, eyn ernstlich Dapffer man, so was Herr Andre Gölt, gnant Pfinzing, Cammermeyster x.

Fol. 102ᵃ **Abschrifft deren von Nürnberg Fütter-Zedel.**

Uff nachvolgende geschlecht, laut der Fütter Zettel die dem Keyser eygner person gen Thonawwerd gedient haben.

Die Waldstromer mit sechzehe pferdē

Die Grundherrn mit dreizehē pferdē,

Die Volckheymer mit dreizehen pfer.

Die Koler mit neun pferden,

Die Küzen mit funffzehen pferden,

Fol. 102ᵇ Die Nortwein mit acht pferden,

Die Ebner mit acht pferden,

Die Sigwein mit eylff pferden,

Die Tätzel mit neun pferden,

Die Haller mit neunzehen pferden,

Die Vöchtel mitt Dreizehen pferden,

Die Bilgram von Eibe mitt eylff pferden,

Die Rietherrn mit zehn pferden,

Die Muffel mit vierzehen pferden,

Die Mendel mit zehen pferden,

Die Zenner mit sechs pferden,

Die Tucher mit vierzehen pferden,

Die Gruber mit vierzehen pferden,

Die Schürstab mit eylff pferden,

Die Sachsen mit fünff pferden,

Die Holtschucher mit zwölff pferden,

Die Eschalawer mit acht pferden,

Die Steynlinger mit zwölff pferden,

Die Lemlein mit Sechß pferden,

Die Amon mit Sechß pferden,

Die Cünherrn mit acht pferden,

Die

Die Brünkerer mit sieben pfer-
den,
Die Kopper mit acht pferden,
Die Jngram mit dreien pferden,
Die Schüzen mit neun pferden,
Die Mewerlin mit neun pferden,
Die Grossen mit zehen pferden,
Die Kressen mit neun pferden,
Die Beheym mit neun pferden,

Die Reinßperger mit zwölff
pferden,
Die Eißenwanger mit zehen
pferden,
Die Elwanger mit Sechs pfer-
den,
Die Schlewitzer mit vier pferden,
Die Drachten mit sechs pferden,
Die Stromeyr mit achtzehen
pferden,

So diß Zelt Stromer und Nützel genant werden, wann diß ir erste Adeliche reyß was, die sie dem Keyser gen Werde dienten, nach
dem sie der Kepser bewappent und geadelt hette.

Uff diesem riete, erlangten die Adelischen Geschlecht in Nürnberg
gar eyn genedigen Keyser, wann sie im Feld wol geschickt waren, und
sich so dinsthafft hielten, das ir Malestat eygner Bewegnuß alle geschlecht, wie die mit namen hiebor angezeygt und verzeychnet steen,
unnd uff dieser reyß gedient haben, mit sundern gnaden und freiheyten,
von newem geert und erhaben hat.

Also und dergestalt, wo sie sich der Adelichen Tugend uñ freiheyten ires Adelichen stands fürbaß hin halten wollen, und gemeyner Bur-
gerschafft der Statt Nürnberg allen iren Handel und gewerb frey lassen, sich des nit bekümmern, wie sie bißher gethan haben, in solcher
maß erhöcht die Keyserlich Malestat diese geschlecht, alle in irem Adelichen stande, erhebt und freit sie von newem, inn allen erlichen und
Adelichen Dingen, das sie allen Edelen geschlechten, uff dem Laand
(in des heylichen Reichs gebiete) gleich, gehalten werden sollen, sie
mögen auch mit allen Rittermessigen geschlechten Thurniren, Rennen,
Stechen, im Felde, und andern Orten zu Schimpff und ernst sich
anderm Adel gleich halten, sie sollen auch zu allen Adelichen sachen
gezogen und gebraucht werden, unverhindert aller männigklichs, bei
verlierung und vermeidung Keyserlicher Malestat ungenad und schwe-
rer straff, wie solchs ir hoher Freibriebe (inen darüber gegeben) in seiner Bestettigung clärlich aus-
weist ꝛc.

F 2

III. Ly.

44

III. Extract, das Gesellen-Stechen betreffend.

Fol.158. Wie im Tausent vierhundert Eynundfunfftzigsten jare, inn der Stat Nürnberg, eyn fast erlich Gestech (so eyn gesellen-gestech altem gebrauch nach genent) durch Marggraven Albrechten zu Brandenburg, und etliche Gefürste und andere Graven, auch Freiherren, Ritter vom Adel, Adenliche umb anndere alte erbare geschlechte, gehalten worden ist rc.

Und wer dieselben von allen theylen gewesen sein, und welche in solchem gestech das Best gethan, umb die Dänk erhalten haben, die volgen mit irm namen uñ Wepen hernach angezeygt.

Fol.158b Herr Albrecht Marggrave zu Brandenburg.

Herr Wilhelm Grave und Herr zu Henneberg.

Herr Hans Grave und Herr zu Wertheym,

Herr Hans Grave uñ Herr zu Castel,

Herr Gottfrid, Grave uñ Herr zu Hohenloe,

Herr Eberhart Schenk Freiherr zu Erpach,

Friderich von Seckendorff Ritter.

Erhard von Wallenfelß Ritter,

Lorenz von Wallenrode Ritter,

Conrad von Ebenhegen der Elter,

Conrad von Lüchaw,

Conrad Haller.

Hans von Wisenthaw,

Hans Waldstromer,

Sebald Rieter,

Berchtold Pfinzing,

Michel Grundherr.

Peter Schopper,

Amthoni Ebener,

Steffann Dezel,

Hans schürstab,

Sigmund Strömer,

Hans Kreß,

Wilhelm Rumel.

Folgen nunmehro die beeden noch nie gedruckte Anhänge.

I. Anhang.

Kurzer Bericht,

Was Grund man habe von denen Nürnbergischen Geschlechten, so den Römischen Kaiser Heinrich den VI. nach Donauwerth sollen begleitet haben circa annum Christi 1198. aufgesezet

Von D. Leonh. Wurfbein, Sen. Consil. Notico.

Es sind unter denen Römischen Königen und Kaisern ihrer VII. des Namens Heinrich gewesen, unter welchen das Römische Reich regieret haben,

Henricus 1mus ab Ao. 920. usque A. 936.

2dus ab Ao. 1002. usque A. 1025.

3tius ab Ao. 1039. usque A. 1056.

4tus ab Ao. 1056. usque A. 1106.

5tus ab Ao. 1190. usque A. 1197.

6tus ab Ao. 1206. usque A. 1225.

7mus ab Ao. 1308. usque A. 1313.

Bey denen einem und andern, um seines Thuns und Lassens, auch Lebens und Wandels willen, ich mich aufzuhalten nicht begehre; ausserhalb daß die ersten 6. Henrici gewöhnlichen Todes verfahren sind, aber Henric9 7m9 (und also eben der, welcher Caroli IV. Anherr, dann Wenceslai und Sigismundi Ur-Anherr gewest) ist auf der Stadt Florenz Anordnung Ao. 1313. den 15. Aug. zu Bononien durch Iohannem Politanum Senensem, mit Gift verheben worden, welchen man auch zu Pisa begraben hat.

Was

Was nun hin und wieder von denen Nürnbergischen Burgern des Raths fürgegeben werden will, daß sie A. 1198. von einem Römischen Kaiser, Namens Heinrich, aus der Ursache geadelt worden seyn, dieweil sie ihn, in der damals gewesenen Unsicherheit im Reich, von Nürnberg aus mit einer Anzahl zu Roß, auf ihre Kosten, bis nach Donauwerth begleitet haben, das hat Henricum VI. betroffen, welcher Fridericum Barbarossam zum Vatter, dann Philippum Suevum zum Bruder, folgends Fridericum II. zum Sohn, dann Conradum IV. (alle bisher Römische Kaiser) zum Eneuklein, und endlich Conradinum Herzog in Schwaben, welcher mit seinem Vetter Friderico (dessen Mutter eine von Hauß Oesterreich, und des mit Friderico ganz und gar abgegangenen Geschlechts gewesen ist) Ao. 1268. den 22. Aug. zu Neapolis enthauptet worden, zum Ur-Enkel gehabt hat.

Nun ist ex Historiis richtig und gewis, daß dieser Henricus VI. von vorgedachten Friderico I. Römischen Kaiser, und Beatrice, einer Burgundischen Prinzessin, Ao. 1165. gebohren worden, und daß er A. 1186. Constantiam, eine Königliche Prinzessin zu Sicilien, etlicher Meinung nach von 50. Jahren, aber nach anderer Historicorum Censur, in dem 30. Jahr ihres Alters geheyrathet, auch mit derselben Ao. 1193. obgedachten Fridericum II. erzeuget habe. Dabey gleichfalls nicht verneinet werden kan, daß ers zum theil wegen des Römischen Reichs, wie auch wegen des Königreichs Sicilien, mit dem Pabst Coelestino, dann seiner Gemahlin Freunden, denen Normannischen Fürsten in Sicilien; sowohl als mit etlichen Fürsten des Reichs, allerhand Widerwärtigkeiten, und dahero seiner wohl in Acht zu nehmen, und an einen und andern Ort sich mit einem starken reisigen Zeuch gefaßt zu machen, genugsame Ursache gehabt habe.

Wobey doch in sonderbare Obacht genommen werden kan, daß eben dieser Henricus VI. in dem 1198. Jahr die Nürnbergische Burger des Raths, um vorangezogener Begleitung willen, zum Stand des Adels erhoben haben soll; da er doch vor demselbigen Jahr bereits gestorben seye; wie das neben andern PANDVLPHVS COLEMVTVS, lib. 4. de regno Neap. Fol. 119. bezeuget hat, welcher zwar die Zeit seines Absterbens gar auf das Jahr 1193. gesetzet hat. Dagegen aber der meiste Theil Historicorum zusammen treffen, daß er Ao. 1197. gestorben; Wie das, neben andern mehr, mit dem Indice BVCHOL-

CHOLCERI, CALVISII ꝛc. erwiesen werden kan. Welches auch
Christoph Lehmann in Chron. Spir. lib. 5. cap. 69. auf nach-
folgende Meinung bestättiget, daß eben dieser Henricus VI. Ao. 1195.
aus Teutschland in Itallen gezogen, jedoch aus leztern nicht wieder zurück gekommen, sondern in Italien gestorben, und zu Panormo in Sicilien begraben worden seye.

Und wenn man dieses Puncts halben (nemlich daß Henricus VI.
Ao. 1198. weiter nicht gelebet habe, sondern das Jahr vorhero Todes verfahren seye) recht gesichert seyn will, so kan man es neben andern auch aus CAES. BARONIO, und denen von ihme angezogenen
Versen folgenden Innhalts erweisen:

Imperii Romae Sexto decessit ab Anno,

Mille, dein Centum Bis, demtis tribus ab istis

Transierint annis, periit cum peffimus Anguis.

Das ist so viel gesagt: Henricus VI. seye gestorben in dem sechsten
Jahr seiner Regierung, das ist von Ao. 1191. an zurechnen bis auf
das Jahr 1197. und das seye geschehen in Jahr 1200, weniger 3.
Jahr, das ist Ao. 1197. Die übrigen Worte (periit cum peffimus
anguis) haben den Verstand, daß er in dem Römischen, Sicilianischen
und anderen Königreichen, ein böses Leben geführet habe.

Dahero dann mit Verstand abgenommen werden kan, da dieser
Henricus VI. Ao. 1195. aus Teutschland über das Gebürg in Itallen
gezogen, und von dannen nicht wieder zurück kommen, sondern entweder Ao. 1195. oder, anderer Meinung nach, Ao. 1197. gestorben und
zu Panormo in Sicilien begraben worden seye, wie er dann im folgenden 1198sten Jahr die Nürnbergischen Burger zum Adelichen
Stand habe erheben können? Davon zwar Georg Rixner, genannt Jerusalem, (des Anno. 1482. gebohrnen Pfalzgrafens bey
Rhein, denn de Ao. 1544. bis 1556. gewesenen, und in diesem Jahr
verstorbener Churfürstens Friderici II, gewester Herold und Wappen-
kundiger) viel Umstand gemacht hat, welchen doch Herr WIGVLEIVS
HVND, in der Vorrede der Bayerischer Geschlecht, dann Herr
Johann Müller, Rathschreiber allhier zu Nürnberg, in einer
son-

sonderbar deckentwegen gefertigten Relation, in vielen unterschiedlichen
Puncten, allerhand Unwahrheiten nicht allein beschuldiget, sondern auch
klärlich überwiesen haben.

Dabey specialissime in Acht genommen werden kan, daß eben
dieser Rixner, und andere Nürnbergische Chronicken-Schreiber
de Ao. 1198. etliche dieser Zeit noch lebende Geschlecht (welche um
dieselbe Zeit vorgedachten Henricum VI von Nürnberg aus nach Donauwerth begleitet, und dadurch den Adelichen Titel erlanget haben
sollen) nahmhaft gemacht, die zu denselbigen Zeiten gar nicht in Rath,
und, was noch mehr ist, damal gar nicht Burger gewesen sind. Als
zum Exempel, daß die Herrn Kressen den gedachten Kaiser mit 9.
Pferden begleitet haben sollen, da doch, vermög Herrn Johann Wilhelm Kressens, bey seiner Ao. 1615. vorgegangenen Verheyrathung,
in denen Epithalamiis gethanenen eignen Bekäntnus, wie auch seiner
dieser Tagen öffentlich gedruckten Genealogie, sich seine Vor-Eltern
erst Ao. 1291. und also zu Rudolphi I. Zeiten, und nach oftgedach-
ten Henrici VI. Absterben an zurechnen, über die 97. Jahr hernach,
allhier niedergelassen. Dabey er noch ferner bekannt, daß von denselben Herr Conrad Kreß der erste seines Geschlechts gewest, der Ao.
1418. in den Rath kommen, welcher auch in St. Sebalds-Kirche
das bey der Leichthür befindliche Fenster mit dem Kreßischen Wappen hat einstellen lassen, um welches willen auch Herr J. W. Kreß
an der vor 2. Jahren erbauten neuen Emporkirchen sich etlicher Sitz
angenommen.

So wird auch von denen Nürnbergischen Chronicken-Schrei-
bern vorgegeben, als wann die Herrn Tucher mehrgedachten Henricum den VI. Ao. 1198. mit 14 Pferden von Nürnberg aus biß Donauwerth begleitet hätten, darwider ich Herrn Hanns Christoph Tu-
chers seel. eigene Hand bey mir habe, daß sich unter seinen Vor-Eltern Herr Berthold Tucher Ao. 1309. in das Nürnbergische Bur-
ger-Recht am ersten eingelassen, und daß er dasselbe mit Fritz von
Bernseel und Seyfried Hornung verbürget habe.

Es seyen so auch die Herrn Pfinzing von denen Geuschmidten,
oder diese von jenen gebohren, so wird doch von denen Pfinzingen
Herr Berthold Pfinzing am ersten gesetzt, welcher ohngefähr 100.
Jahr

Jahr nach der angegebenen Donauwerthischen Reiß, das ist Anno 1297., und also unter Adolphi Naſſouici Kaiſerlicher Regierung, gelebet haben ſoll.

So iſt auch in der Anno 1604. Antonio Geuder ſeel. gehaltenen Leich-Predigt begriffen, daß die Herren Geudere ihre documenta weiter nicht zurück, denn bis auf das Jahr Chriſti 1278., und also auf Rudolphi I. Zeiten, bringen können.

So habe ich mich auch in andere Wege berichten laſſen, daß Herr Hermann Ebner Anno 1346., und also unter Ludouico Bauaro, der erſte ſeines Geſchlechts, in Rath befördert worden ſeye. Es befindet ſich zwar auch bey S. Laurenzen, in einem Fenſter, ein Wappen de Anno 1218., und also unter Kaiſers Friderici II. Regierung, bey welcher doch dieſelbe Kirche noch nicht, ſondern erſt hernach, ſub Ludovico Bauaro und Carolo IV., welche de Anno 1313. bis 1378. regieret haben, erbauet worden iſt.

So wird auch Herr Jacob Muffel, welcher mit N. von Burg-Eſchenau, und an andere verheyrathet, erſt Anno. 1200. und etliche 80. geſetzet.

Dergleichen Erinnerungen auch wegen anderer Nürnbergiſchen dieſer Zeit Rathsfähigen Geſchlechten eingewendet werden können, welche auf ihre Unkoſten Anno 1198. vorgedachten Henricum VI. von Nürnberg nacher Donauwerth begleitet, und um dieſes Reuterdienſts halben den adelichen Stand erhalten haben ſollen, von denen man doch zu derſelbigen Zeit allhier zu Nürnberg entweder gar nichts, oder aber gar wenig gewußt, oder aber nicht in Rath und Regiments-Stand geweſen ſind.

Derowegen man ſich aus obgedachten Herrn Johann Müllers Annalibus Bericht zu erholen hat, zu was Zeiten eine oder die andre Familie, ſich von einem Jahrhundert zum andern allhier niedergelaſ-

En, wie sie durch Heyrath an Vermögen und andern zugenommen, und endlich zum Regiment gezogen worden.

Und obwohlen sich einer neulicher Zeit gerühmet, als wann das Anno 1198. von obgedachten Henrico ein ordentlicher gesiegelter und beglaubter Adels-Brief in gemeiner Stadt Losung-Stuben originaliter vorhanden wäre, in welchem die damals gewesene Convoye der Nürnbergischen Burger des Raths zu dem adelichen Stand erhoben worden wäre, so habe ich doch derentwegen keinen Bericht haben können, und mögte vielleicht, auf dergleichen Vorgeben, der Herrschaft Venedig vor der Zeit dem Römischen Stuhl gegebene Antwort gebrauchet werden, da derselbe jener ihren Golfo hat streitig machen wollen, und ihren Ankunfts-Titul zu erweisen anbegehret, da sie sich auf das Original Donationis Constantini M. beruffen haben, in welcher er dem Römischen Stuhl ganz Italien und anders mehr geschenkt haben soll rc. daß ihr Privilegium Golfi auf der andern Seite derselben begriffen wäre. Und da sich dies Original nicht finden wollen, ist dieser Handel auf ein Gelächter ausgegangen.

Und dieses ist es, so ich von dieser Materie zu Papier bringen wollen. Nürnberg den 15. Junii Ao. 1645.

II. Anhang.

Schlechte Vertheidigung

des Rixnerischen Figmenti, von dem zu Nürnberg Ao. 1198.
gehaltenen Thurnier, verfasset in der Frage:

Ob die Burgerschaft zu Nürnberg

Ao. 1198. Henricum VI. Imp. mit etlich 100. Pferden

daraus nach Donauwerth begleitet

habe?

Aufgesezt

von

Johann Hieronymus Im=Hoff,

Iuniore.

Ajo; wenn man Georg Rixners, eines Kaiserlichen Ehren=
Herolden, Thurnier=Buch, Ao. 1532. zu Simmern gedruckt,
und dessen Erzehlung nachgehen will. Denn nachdem gedachter
Rixner solch Buch aus einem alten Mspt. so, seiner im Eingang sei=
nes Buchs gethanener Bekanntnus nach, in einem vornehmen Fürst=
lichen Archiv aufgehoben worden, zusammengetragen, und aber huiusmodi Exemplorum et Scriptorum ex Archiuis publicis desumtorum
maxima sit fides, arg. AVTH. C. DE FIDE INSTRVM. et Charta,
quae profertur ex Archivo publico, testimonium publicum habeat, de
quo etiam uideantur PRACT. PAPIENS in forma product. Instrum.
§. exhibens et producens n. 12. item FELINVS in cap. cum caussam
13. n. 7. Stadt Colmar de praes. execut. pag. 3. cap. 1. n. 53. IO.

G 2   KOP.

KOP. Deciſ. poen. n. 11. CARPZOV. Part. I. Iurispr. for. Conſtit. 13. n. 38. ſqq. Alſo iſt kein Zweifel, RIXNERI Erzehlung von unterſchiedlichen Thurnieren, auch Beſchreibung der Burgerſchaft zu Nürnberg Begleitung, ſeye von Würden und derſelben wohl Glauben zuzuſtellen.

Ferner, cum omnis probandi uis auctoritati Hiſtoricorum innitatur, cum multa a probatis Auctoribus tradita credimus, quorum ratio et demonſtratio nulla datur. Cum autem in quaeſtionibus hiſtoricis nihil magis attendendum eſt ueritatis hiſtoricae ſcrutatori, quam quis dicat, h. e. cuius auctoritatis ſit ille, qui hiſtoriam refert. Quodſi igitur nouimus, Hiſtoricum aliquem eſſe probatum, extra fauorem et odium conſtitutum, neque commodum neque incommodum ex re, quam refert, capere potuiſſe, ulterius non perfunctorie et incidenter, ſed ex profeſſo in hiſtoriae alicuius deſcriptione occupatum fuiſſe. Inſuper, cum uidemus rem, de qua diſputatur, non eſſe uulgatam aut leuem, ſed magni momenti, quamque noſſe multum poſteritatis interſit, et quae illo tempore, quo geſta eſt, cuius poterat innoteſcere: Sane huiusmodi rem et Auctorem non ſimpliciter repudiandum cenſuerim. Videatur hac de re et ratione argumentandi a teſtimonio Hiſtoricorum, IOHANNES MVSAEVS.

Nun finden ſich dieſe requiſita alle bey RIXNERO und ſeiner Erzehlung; illum enim inter probatos referri nemo dubitat. So hat man auch keine Urſache zu muthmaſſen, daß er commodi oder incommodi cauſſa, was er von obgemeldter Begleitung erzehlet, fingiret und erdichtet habe; Denn er der Stadt Nürnberg Bedienter nicht geweſen, auch ſein Buch dem Rath nicht zugeſchrieben, und alſo keines Hofierens (wie einer aus denen alten Conſulenten ihn bezüchtiget) Urſach gehabt hat. So thut er auch ſolche Sachen mit vielen Umſtänden weitläufig beſchreiben, und weil die Sache von Importanz, als an welcher der Poſteritaei nicht wenig gelegen, auch huius naturae et conditionis ist, daß sie zu der Zeit, als sie geschehen und vorgegangen, jederman kund worden; indeme der Actus nicht allein zu Nürnberg, sondern auch ausser der Stadt Mauern begangen worden: Als ist de testimonio Historici et ueritate cui innititur destoweniger zu zweifeln. So meldet überdies ABBAS VRSPERGENSIS, als einer ex numero probatissimorum Auctorum antiquorum, und welchen PHILIPPVS MELANCHTHON dieses Zeugnis giebet: nemo de rebus Germanicis plura collegit Abbate Vrspergensi, deinde industriam eius in temporibus annotandis admodum probo, *Anno Domini* 1198. (inquit allegatus VRSPERGENSIS) *Henricus Imp. obiit in Sicilia, et in Ecclesia Panormitana magnifice sepultus est.* Mit welchem auch einstimmet MVTIVS und Spangenberg in seiner Mansfeldischen Chronick, und die neoterici Historici fast alle. Daß also RIXNERVS fast wieder salviret wird, weilen VRSPERGENSIS und MVTIVS seinen Tod auf das 1198. Jahr setzen.

Und scheinet also, daß der Kaiser seye desselben Jahres von Nürnberg auf Donauwerth, und sodann durch Tyrol in Italien gegangen und bald darauf in Sicilien verschieden.

Nego: Wenn ich betrachte, was **Christoph Lehmann** in seiner Speyerischen Chronica schreibet: daß K. Heinrich Ao. 1195. das leztemal aus Teutschland in Italien verreiset, und von dar nicht wieder heraus kommen.

Ferner, weil gleichwohl RIXNER beschuldiget werden will, als solte er das, was er bey dem Anno 935. zu Magdeburg gehaltenen Thurnier der 7. Churfürsten halber, meldet, fingirt, und der Historischen Relation eingeflicket haben, weil zu K. Henrici I. Zeiten man noch nichts eigentliches von denen 7. Churfürsten gewußt hat, als ist zu suspiciren, er habe die Relation von der Particiorum Begleitung auch also eingeschoben und gedichtet.

G 2   Letzlich

Letztlich auch sich billig zu verwundern ist, daß bey dieser Stadt
Archiv ganz nichts von diesem actu zu finden, auch nicht eine Copey
des erlangten Adels-Briefs und Privilegii mehr vorhanden seyn solle.
Was zwar **Christoph Lehmann** anlanget, ist zu wissen, daß ihme als einem Neoterico nicht allerdings zu trauen, und ABBATIS
VRSPERGENSIS und MVTII Auctorität und Testimonio, die seinen Tod auf das 1198. Jahr setzen, billiger zu glauben seye: weilen
bewust, daß ABBAS VRSPERGENSIS noch lange nach Henrici Tod
gelebet, und also nicht zu zweifeln, er werde mit Fleiß das Jahr seines
Todes aufnotiret haben. Es scheinet auch zu Ende seiner Historien,
daß er sorgfältig die Ursache seines Todes aufgesuchet und inquiriret
habe; multi asserebant (schreibet er) eum Henricum scil. periisse ve-
neno, procurante uxore sua, pro eo, quod nepotes ipsius suppliciis
interfecerat; quod tamen non est uerosimile, et qui cum eo erant fa-
miliarissimi, hoc inficiebantur, audiui ego hoc ipsum a Domino Conrado, qui postea erat Abbas Praemonstratensis, et tunc in saeculari ha-
bitu constitutus, qui in Camera Imperatoris extitit familiarissimus.

Daß also nicht zu zweifeln, weilen VRSPERGENSIS von des K.
Heinrichs Tod von gedachten Abbate Conrado, welcher dem Kaiser
einer zur Seite gewesen, eigentlich information erlanget hat, er werde ja in der Jahr-Zahl nicht geirret haben.

So stimmen auch die alten Historici einmüthig überein, Henricus
habe 8. Jahr regieret, und setzen den Anfang seiner Regierung auf
das 1590. Jahr. Ist also **Lehmanns** Testimonium mit nichten
ABBATIS VRSPERGENSIS und anderer Zeugnus vorzuziehen, oder
seiner Assertion hierinnen mehr zu trauen.

Was

Was etwa Rixner in Erzehlung des ersten Thurniers, zu
Magdeburg gehalten, wegen der 7. Churfürsten eingeflicket haben
will, das läßt man in seinem Werth und Unwerth passiren. Einmal
ist gewis, daß man de origine der 7. Churfürsten, weder affirmatiue
noch negatiue etwas asseriren kan, auch ganz keine Consequenz ist,
RIXNERVS hat sub Henrico I. der 7. Churfürsten gedacht, und also
etwas, so suspicionem figmenti auf sich hat, seiner Relation eingeflie
cket; ergo ist alles, was er von der Burgerschaft zu Nürnberg Begleitung redet, erdichtet. Sane a particulari ad uniuersale non ualet
consequentia.

Daß aber bey dieser Stadt Archiv kein Exemplar noch Copey
des von Henrico VI. denen damals begleitenden Patriciis gegebenen
Priuilegii und Adels-Briefs zu finden, ist zu wissen, daß dieses Argu-
ment eines der stärksten wäre, RIXNERI Relation zu impugniren,
wenn nicht bewuß wäre, daß bey der 1348. zu Nürnberg vorgegangenen Aufruhr alle Schriften, Rechnungen, Bücher, Freyheits-
briefe, Register und anders wären zerrissen, abgethan und verderbet
worden; also, daß dazumal auch die alten Priuilegia, so die Stadt
von denen Conradis, Henricis, Fridericis und anderen gehabt hat, (von
welchen kaum etliche nestigia mehr heutiges Tags vorhanden) verlohren gegangen. Also, daß nunmehro weder Losung-Bücher, Rechnungen oder einige Schriften in originali noch Copey, so vor der Aufruhr bey gemeiner Stadt gewesen, mehr zu finden, ohne was man
nach der Zeit als Tabulas ex magno naufragio hin und wieder zusammen gelesen, das aber gar wenig ist.

Und

Und ist also leichtlich zu schliessen, die damallige aufrührische Burger werden vor allen andern obgedachtes Priuilegium, als ihrem intent und Gemüt zuwider, mit allem Fleiß und grosser Furie abgethan und vertilget haben. Und mag also hiemit auch dieses Fundament seine gäntzliche Abfertigung haben.

Risum tencatis Amici.

E N D E.

www.ingramcontent.com/pod-product-compliance
Lightning Source LLC
Chambersburg PA
CBHW030720110426
42739CB00030B/1046